필승합격일본어능력시험
N4
아스크 출판사 편집부

모의고사 3회분

머리말

일본어능력시험(JLPT)은 일본어를 학습하는 사람의 일본어 능력을 측정하고 인정하는 전세계적인 공인 시험 중에서 가장 권위 있는 시험으로 알려져 있습니다.

이 시험에서 궁극적으로 5단계 레벨의 가장 상위 레벨에 합격을 목표로 공부하는 사람들을 위한 교재는 시중에 다양하게 발행되어 있으며 그 중에는 이 책과 같은 〈모의고사 문제집〉도 많습니다.

모의고사는 왜 필요할까요? 그 답은 아래와 같습니다.

먼저, 일본어 학습자는 자신의 일본어 능력은 어느 정도인지를 알고 싶고 그것을 인정 받고 싶어할 것입니다. 그래서 이 시험에 응시하는 것이겠지요. 그러자면 자신의 능력에 맞는 레벨을 선택하여 응시하여야 하는데, 현재의 자신의 능력은 어느 정도인가를 알기는 쉽지 않습니다. 그래서 스스로 생각하는 레벨에 대한 모의고사를 보고 그 점수를 체크함으로써 대략적인 자신의 실력을 알 수가 있을 것입니다.

다음으로는 모의고사에 응시해 본 결과 자신의 약한 부분, 소위 약점을 알게 될 것입니다. 그 약점을 알게 됨으로써 앞으로 공부할 방향이 설정되고 약점 부분을 강화하는 학습으로 보완해 갈 수가 있을 것입니다. 특히 한 과목이라도 과락 점수를 받으면 다른 과목의 점수가 좋아도 불합격된다는 점은 매우 중요하므로 어느 부분이 약한지 체크해야 할 필요가 있습니다.

그리고는 모의고사를 통해 실전적인 연습을 하게 됨으로써 본 시험에 대한 두려움을 극복하고 과목 별 응시 요령을 익히게 되어 자신의 실력을 유감없이 발휘하게 될 것입니다.

이러한 이유로 〈모의고사〉의 중요성이 인식된다면 이 책을 이용하여 학습하시는 여러분께서는 더욱 큰 자신감을 가지게 될 것으로 믿습니다.

이 〈필승합격 일본어능력시험 모의고사 시리즈〉는 N1에서 N5까지 모든 레벨에 대해 각각 독립된 책자로 발행되었습니다.

이 책은 일본의 유수한 일본어 교재 출판사인 아스크출판사가 기획·편집한 것입니다. 일본어능력시험은 과거 문제를 공개하지 않기 때문에 실제 문제를 알 수는 없습니다. 그러한만큼 실제 문제의 난이도나 형식에 유사한 문제를 접하는 것은 매우 중요하기 때문에 이 출판사의 외국인 직원들이 실제 시험에 응시하여 문제의 출제 경향을 연구, 분석하였으며 일본어 교육 전문가들에게 모의고사 문제의 출제를 의뢰하여 만들어진 것입니다.

처음으로 일본어능력시험을 치르는 분도 3회분의 문제를 풀어봄으로써 만전의 태세로 본 시험에 임할 수 있을 것입니다. 이 책 모의고사를 접하신 여러분이 일본어능력시험 N4에 합격하여 자신의 꿈을 향한 큰 걸음을 내딛기를 기원합니다.

2021년 2월
(주) 해외교육사업단

목차

머리말 ··· 2

이 책의 사용법 ·· 4

일본어능력시험에 대하여 ··· 5
    레벨 인정기준
    대문제 구성과 문제수
    결과 표시 및 합격점

N4 문제의 구성과 대책 ·· 8
    언어지식(문자·어휘)
    언어지식(문법)·독해
    청해

제1회 정답 ·· 25
    채점표와 분석
    해답·해설

제2회 정답 ·· 57
    채점표와 분석
    해답·해설

제3회 정답 ·· 87
    채점표와 분석
    해답·해설

별책　문제집 (해답용지 수록)
        모의고사 제1회
        모의고사 제2회
        모의고사 제3회

이 책의 사용법

구성

모의고사 문제가 3회분 수록되어 있습니다. 시간을 체크하면서 집중하여 임해주십시오. 종료 후에는 채점하여 몰랐던 부분, 틀린 부분에 대해서는 그대로 두지 말고 해설까지 착실히 읽고 이해하시기 바랍니다.

대책   일본어능력시험에는 어떠한 문제가 나오는지, 어떻게 공부하면 좋은지 확인하십시오.

해답·해설   정답과 오답을 판정하는 것만이 아니라 왜 틀렸는지 확인하십시오.
※해설은 유사표현을 많이 알 수 있도록 알기 쉬운 일본어와 한국어를 병용하였습니다.

 정답 이외의 선택지에 대한 해설.

 · 기하자! 문제에 나온 어휘·표현 및 관련되는 어휘·표현.

문제 (별책)   본책에서 분리하여 마지막 페이지에 있는 해답용지를 잘라내어 사용합니다. 해답용지는 사이트에서 다운로드 할 수도 있습니다.

스케줄

JLPT공부 시작 시점: 제1회 문제를 풀어 보고 시험 형식과 자신의 실력을 체크하십시오.

⬇

취약한 분야를 트레이닝
- **문자·어휘·문법:** 모의고사 해설에서 다루어지는 단어·표현을 노트에 옮겨 적어 외우십시오.
- **독해:** 매일 하나씩 일본어로 된 문장을 읽어주십시오.
- **청해:** 모의고사 문제를 스크립트를 보면서 들어주십시오.

⬇

제2회, 제3회 문제를 풀어 보고 일본어능력이 늘었는지 확인하십시오

⬇

시험직전: 다시 한 번 이 책의 모의고사 문제를 풀어 최종 확인하십시오.

청해 음성 파일 및 해답을 입력하면 자동으로 채점이 되는 Excel 시트는
아래 사이트에서 다운로드가 가능합니다.

➜ https://www.hedgroup.co.kr/09_jlpt.php

일본어능력시험 (JLPT) 레벨 인정기준

JLPT 레벨 인정기준

시험은 N1, N2, N3, N4, N5로 나뉘어져 있으므로 수험자가 자신에게 맞는 레벨을 선택합니다. 각 레벨에 따라 N1~N2는 언어지식(문자·어휘·문법)·독해, 청해의 두 섹션으로, N3~N5는 언어지식(문자·어휘), 언어지식(문법)·독해, 청해의 세 섹션으로 나뉘어져 있습니다.

시험의 각 레벨 인정기준은 다음과 같으며 인정기준을 [읽기], [듣기]의 언어 행동으로 설명하므로 참고해 주십시오.

각 레벨에는 이들 언어 행동을 실현하기 위한 언어지식이 필요합니다.

[일본어능력시험] 인정기준

레벨	인정기준
N1	**폭넓은 장면에서 사용되는 일본어를 이해할 수 있다.** [읽기]·폭넓은 화제에 대해 쓰인 신문 논설, 평론 등, 논리적으로 다소 복잡한 문장과 추상도 높은 문장 등을 읽고 문장 구성과 내용을 이해할 수 있다. ·다양한 화제 내용에 깊이 있는 글을 읽고 이야기 흐름과 상세한 의도를 이해할 수 있다. [듣기]·폭넓은 장면에서 자연스러운 속도의 체계적 내용의 회화, 뉴스, 강의를 듣고 이야기 흐름과 등장인물의 관계, 내용의 논리구성 등을 상세하게 이해하고 요지를 파악할 수 있다.
N2	**일상적인 장면에서 사용되는 일본어 이해와 더불어 보다 폭넓은 장면에서 사용되는 일본어를 어느 정도 이해할 수 있다.** [읽기]·폭넓은 화제에 대해 쓰인 신문이나 잡지 기사/해설, 평이한 평론 등 논지가 명쾌한 문장을 읽고 문장 내용을 이해할 수 있다. ·일반적인 화제에 관한 글을 읽고 이야기 흐름과 표현 의도를 이해할 수 있다. [듣기]·일상적인 장면과 더불어 폭넓은 장면에서 자연스러운 속도의 체계적 내용의 회화, 뉴스를 듣고 이야기 흐름과 등장인물의 관계를 이해하고 요지를 파악할 수 있다.
N3	**일상적인 장면에서 사용되는 일본어를 어느 정도 이해할 수 있다.** [읽기]·일상적인 화제에 대해 쓰인 구체적인 내용의 문장을 읽고 이해할 수 있다. ·신문 기사 제목 등을 통해 정보의 개요를 파악할 수 있다. ·일상적인 장면에서 접하는 범위의 난이도가 다소 높은 문장은 유의 표현이 제시되면 요지를 이해할 수 있다. [듣기]·일상적인 장면에서 다소 자연스러운 속도에 가까운 체계적 내용의 회화를 듣고 이야기의 구체적인 내용을 등장인물의 관계 등과 더불어 거의 이해할 수 있다.
N4	**기본적인 일본어를 이해할 수 있다.** [읽기]·기본적인 어휘나 한자로 쓰인 일상생활 속에서도 가까운 화제에 대한 글을 읽고 이해할 수 있다. [듣기]·일상적인 장면에서 조금 느린 속도의 회화라면 내용을 거의 이해할 수 있다.
N5	**기본적인 일본어를 어느 정도 이해할 수 있다.** [읽기]·히라가나, 가타카나, 일상생활에서 사용되는 기본적인 한자로 쓰인 정형적 어구, 문장, 글을 읽고 이해할 수 있다. [듣기]·교실이나 주변 등 일상생활 속에서도 자주 접하는 장면에서 느리고 짧은 회화로부터 필요한 정보를 얻어낼 수 있다.

(JLPT 홈페이지에서 인용)

일본어능력시험 (JLPT) 대문제 구성과 문제수

JLPT 대문제 구성과 문제수

각 레벨에서 출제되는 문제 구성과 문제 수는 다음과 같습니다.

각 문제 형식과 내용에 관해서는 이 책의 모의고사 문제를 참조하십시오.

시험과목		대문제	N1	N2	N3	N4	N5
언어지식·독해	문자·어휘	한자읽기	6문제	5문제	8문제	9문제	12문제
		표기	-	5문제	6문제	6문제	8문제
		단어형성	-	5문제	-	-	-
		문맥규정	7문제	7문제	11문제	10문제	10문제
		유의환언	6문제	5문제	5문제	5문제	5문제
		용법	6문제	5문제	5문제	5문제	-
	문제 수 합계		25문제	32문제	35문제	35문제	35문제
	문법	문장의 문법1 (문법형식 판단)	10문제	12문제	13문제	15문제	16문제
		문장의 문법2 (문법형식 판단)	5문제	5문제	5문제	5문제	5문제
		글의 문법	5문제	5문제	5문제	5문제	5문제
	문제 수 합계		20문제	22문제	23문제	25문제	26문제
	독해	내용이해(단문)	4문제	5문제	4문제	4문제	3문제
		내용이해(중문)	9문제	9문제	6문제	4문제	2문제
		내용이해(장문)	4문제	-	4문제	-	-
		통합이해	3문제	2문제	-	-	-
		주장이해(장문)	4문제	3문제	-	-	-
		정보검색	2문제	2문제	2문제	2문제	1문제
	문제 수 합계		26문제	21문제	16문제	10문제	6문제
청해		과제이해	6문제	5문제	6문제	8문제	7문제
		포인트이해	7문제	6문제	6문제	7문제	6문제
		개요이해	6문제	5문제	3문제	-	-
		발화표현	-	-	4문제	5문제	5문제
		즉시응답	14문제	12문제	9문제	8문제	6문제
		통합이해	4문제	4문제	-	-	-
	문제 수 합계		37문제	32문제	28문제	28문제	24문제

※문제 수는 매회 시험에서 출제되는 대략적인 기준이며, 실제 시험에서의 출제 수는 다소 달라 질 수 있습니다. 또한 문제 수는 변경되는 경우가 있습니다.

※'독해'에서는 하나의 문장 (본문) 에 대해 복수의 문제가 출제되는 경우도 있습니다.

※매회 시험의 난이도를 관리하고, 새로운 유형의 문제를 평가하기 위해 득점에 가산되지 않는 문제를 포함할 수 있습니다.

(JLPT 홈페이지에서 인용)

일본어능력시험 (JLPT) 결과 표시 및 합격점

JLPT 결과 표시

레벨	득점 구분	최고 득점
N1	언어지식(문자·어휘·문법)	60
	독해	60
	청해	60
	종합득점	180
N2	언어지식(문자·어휘·문법)	60
	독해	60
	청해	60
	종합득점	180
N3	언어지식(문자·어휘·문법)	60
	독해	60
	청해	60
	종합득점	180
N4	언어지식(문자·어휘·문법)·독해	120
	청해	60
	종합득점	180
N5	언어지식(문자·어휘·문법)·독해	120
	청해	60
	종합득점	180

N1, N2, N3의 득점 구분은 '언어지식(문자·어휘·문법)', '독해', '청해'의 3 구분입니다.
N4, N5의 득점 구분은 '언어지식(문자·어휘·문법)·독해'와 '청해'의 2 구분입니다.

JLPT 합격점 및 기준점

레벨	합격점	기준점		
		언어지식	독해	청해
N1	100점	19점	19점	19점
N2	90점	19점	19점	19점
N3	95점	19점	19점	19점
N4	90점	38점		19점
N5	80점	38점		19점

종합 득점과 각 과목별 득점의 두가지 기준에 따라 합격여부를 판정합니다. 즉, 종합 득점이 합격에 필요한 점수(합격점) 이상이며, 각 과목별 득점이 과목별로 부여된 합격에 필요한 최저점(기준점) 이상일 경우 합격입니다.

(JLPT 홈페이지에서 인용)

N4 문제의 구성과 대책

언어지식 (문자·어휘)

문제1 한자읽기 9문제

한자로 쓰여진 단어 읽는 법을 답한다.

もんだい1 ＿＿＿の ことばは ひらがなで どう かきますか。1·2·3·4から いちばん いい ものを ひとつ えらんで ください。

れい1　この　黒い　かばんは　やまださんのです。
　　　1　あかい　　　　2　くろい　　　　3　しろい　　　　4　あおい

れい2　なんじに　学校へ　行きますか。
　　　1　がこう　　　　2　がこ　　　　　3　がっこう　　　4　がっこ

　　　　　　　　　　　　　　　　　　　　　　　　정답 : れい1　2、れい2　3

POINT

예1과 같이 읽기는 완전히 다르지만 같은 장르의 단어가 선택지에 나열되는 경우와 예2와 같이 「っ」와 「ﾞ」, 장음 유무가 해답의 결정적 기준이 되는 경우가 있습니다. 예1의 패턴에서는 문제문의 문맥에서 그 곳에 들어갈 단어의 의미를 추측할 수 있는 경우가 있습니다. 문제문은 전부 읽으십시오.

공부법

예2의 패턴에서는 발음이 부정확하면 정답을 고를 수 없습니다. 한자를 공부할 때는 음과 히라가나를 연결하여 소리를 내어 확인하면서 외웁시다. 일견 우회하는 것 같지만 이것을 해 놓으면 청해능력도 늘어납니다.

문제2 표기 6문제

히라가나로 쓰여진 단어를 한자로 어떻게 쓰는지 답한다.

もんだい2 ＿＿＿の ことばは どう かきますか。1・2・3・4から いちばん いい もの
を ひとつ えらんで ください。

れい　らいしゅう、日本へ　行きます。
　　　1　先週　　　　2　来週　　　　3　先月　　　　4　来月

정답 : 2

POINT
한자 문제는 오래 생각한다고 답을 알게 되는 것은 아닙니다. 시간을 너무 들이지 말고 후반부에 시간을 남깁시다.

공부법
한자를 사용한 단어의 의미와 음과 표기를 외우는 것만이 아니라 아래 세 가지를 하면 좋습니다.
① 같은 한자를 사용한 단어를 모아 한자 각 글자의 의미를 체크한다.
② 한자를 파트로 분류하여 그룹화 해 둔다.
③ 가나가 붙어 있는 한자는 품사별로 패턴을 정리하여 둔다.

문제3 문맥규정 10문제

(   )에 들어갈 가장 올바른 단어를 고른다.

> もんだい3 (   ) に なにを いれますか。1・2・3・4から いちばん いい ものを ひとつ えらんで ください。
>
> れい わたしは (   ) ひるごはんを 食べていません。
> 　　　　1 すぐ　　　　2 もっと　　　　3 もう　　　　4 まだ
>
> 정답 : 4

POINT
명사, 형용사, 부사, 동사 외에 조수사와 가타카나어의 문제가 나옵니다.

공부법
①가타카나어 : 가타카나어는 대부분이 영어에서 유래하고 있습니다. 가타카나어는 한국어로 번역만이 아니라 영어와 연결시키면 기억하기 쉬울 것입니다. 단어 끝의 "s"는 「ス」(예 : bus→バス) 등, 영어를 가타카나로 만들 때의 변화를 자기 나름대로 규칙화를 해 두면 처음 보는 단어도 유추할 수 있게 됩니다.
②동사・부사 : 그 단어만이 아니라 자주 함께 사용되는 단어와 세트로 하여 예문으로 외웁시다. 부사는 「정도」「빈도」「예상」 등 의미별로 분류해 두면 좋습니다.

문제4 유의환언 5문제

_____의 단어나 표현과 의미가 가장 가까운 말이나 표현을 고른다.

もんだい4 ＿＿＿の ぶんと だいたい おなじ いみの ぶんが あります。1・2・3・4から いちばん いい ものを ひとつ えらんで ください。

れい　この　へやは　きんえんです。
　　　1　この　へやは　たばこを　すっては　いけません。
　　　2　この　へやは　たばこを　すっても　いいです。
　　　3　この　へやは　たばこを　すわなければ　いけません。
　　　4　この　へやは　たばこを　すわなくても　いいです。

정답：1

POINT

우선 네 가지 선택지의 다른 부분을 보고 첫 문장에 대응하는 부분과 비교합니다. 공통된 부분은 별로 신경쓰지 않아도 됩니다.

공부법

자주 함께 사용되는 단어와 세트로 하여 단어의 의미를 외우면 됩니다. 또한 「～する」라는 형태의 동사는 환언할 수 있는 것이 많기 때문에 세트로 암기해 두십시오. 예：「会話する」＝「話す」

011

문제5 용법 5문제

문제의 단어를 사용한 문장으로 가장 올바른 문장을 고른다.

もんだい5　つぎの　ことばの　つかいかたで　いちばん　いい　ものを　1・2・3・4から　ひとつ　えらんで　ください。

（れい）　こたえる
　　1　かんじを　大きく　<u>こたえて</u>　ください。
　　2　本を　たくさん　<u>こたえて</u>　ください。
　　3　わたしの　はなしを　よく　<u>こたえて</u>　ください。
　　4　先生の　しつもんに　ちゃんと　<u>こたえて</u>　ください。

정답 : 4

공부법

단어의 의미를 알고 있는 것만으로는 답할 수 없는 문제도 있습니다. 어휘를 외울 때는 언제 어디에 사용되는지, 어떤 단어와 함께 사용되는지 등에 주의하여 암기합시다.

언어지식 (문법) · 독해

문제1　문장의 문법1 (문법형식의 판단)　15문제

문장 속의 (　　) 에 들어가는 것으로 가장 올바른 단어를 고른다.

> もんだい1　(　　)に 何を 入れますか。1・2・3・4から いちばん いい ものを 一つ えらんで ください。
>
> 例　あした 京都 (　　) 行きます。
> 　　　1 を　　2 へ　　3 と　　4 の
>
> 정답 : 2

POINT

문법 문제와 독해 문제는 시간이 나누어져 있지 않습니다. 독해 문제에 시간을 쓸 수 있도록 문법 문제는 빨리 푸십시오. 모르겠다면 적당히 마크하고 다음 문제로 나가면 됩니다. 하지만 회화 형식의 문제 등 전부 읽지 않으면 답을 찾아낼 수 없는 문제도 있습니다. 문제문은 전부 읽으십시오.

공부법

문법 항목별로 자신의 마음에 드는 예문을 하나 외워두십시오. 그 문법이 사용되는 상황의 이미지를 갖는 것과 더불어 함께 사용되는 단어도 외워 두는 것이 중요합니다.

문제2 문장의 문법2 (문장 만들기)   5문제

문장에 있는 4개의 ＿＿＿ 에 단어를 넣어 ＿★＿ 에 들어갈 선택지를 고른다.

もんだい2 ＿★＿ に 入る ものは どれですか。1・2・3・4から いちばん いい ものを 一つ えらんで ください。

(問題例)
　木の ＿＿＿ ＿＿＿ ＿★＿ ＿＿＿ います。
　1 が　　　　　2 に　　　　　3 上　　　　　4 ねこ

정답：4

POINT

＿＿＿ 만이 아니라 문장 전체를 읽고 이야기의 흐름을 이해한 후 짝이 만들어 지는 단어를 찾아서 문장을 조립해 갑니다. 대부분은 두 번째나 세 번째 빈칸이 ＿★＿ 이지만 다른 경우도 있으므로 주의하십시오.

공부법

문형의 지식을 묻는 문제만이 아니라 긴 명사 수식절을 적절한 순서로 배열하는 문제도 많이 나옵니다. 명사 수식절이 취약한 분은 평소부터 한국어와 일본어 사이에 명사 수식절의 위치가 다른 경우도 있으므로 주의하면서 장문을 읽을 때에 문장의 구조를 도식화하는 등으로 문장의 구조에 익숙해지십시오.

문제3 문장의 문법 5문제

문장의 흐름에 맞는 표현을 선택지에서 고른다.

もんだい3　れい1　から　れい4　に　何を　入れますか。文章の　意味を　考えて、1・2・3・4から　いちばん　いい　ものを　一つ　えらんで　ください。

大学の　思い出

わたしは　1年前に　大学を　そつぎょうした。大学生の　ときは、じゅぎょうには　れい1　と　思って　いたが、その　考えは　まちがって　いた。先生の　話を　聞き、しつもんできる　チャンスは、社会に　出たら　ない。れい2　を　して　いた　時間を、今は　とても　ざんねんに　思う。れい3　友人は　たくさん　できた。今でも　その　友人たちとは　よく　会って、いろいろな　話を　する。これからも　友人たちを　れい4　と　思って　いる。

れい1　1　行かなくても　いい　　　　　2　行ったら　よかった
　　　　3　行ったほうが　いい　　　　　4　行かない　だろう

れい2　1　あのこと　　2　そんな　生活　　3　この　勉強　　4　どういうもの

れい3　1　だから　　　2　しかし　　　　　3　そのうえ　　　4　また

れい4　1　大切に　したい　　　　　　　　2　大切に　したがる
　　　　3　大切に　させる　　　　　　　　4　大切に　される

정답：れい1　1、れい2　2、れい3　2、れい4　1

POINT

아래 두 종류의 문제가 출제됩니다.

①접속사：아래와 같은 접속사를 넣습니다. 빈칸 앞뒤의 문장을 읽고 연결을 생각합니다.
- 순접：だから、すると、それで、それなら
- 역접：しかし、でも、けれども
- 병렬：また
- 첨가：それに、そして、それから
- 선택：または、それとも
- 설명：なぜなら
- 전환：ところで
- 예시：たとえば
- 주목：とくに

②문중표현·문말표현：조사와 문형의 지식을 묻습니다. 앞뒤 문장의 의미 내용을 이해하고 덧붙여진 문법 항목이 어떤 의미를 더할 수 있을지 생각합니다.

공부법

①접속사 : 위에 제시한 분류를 외워둡시다. 또한 평소부터 문장을 읽을 때는 접속사에 선을 그어 앞뒤 문장의 연결을 생각하면서 읽도록 합시다.
②문말표현·문중표현 : 평소부터 문법 항목은 예문 베이스로 암기해 두면 도움이 됩니다.

문제4 내용이해 (단문) 4문제

150~200자 정도의 문장을 읽고 내용에 관련된 선택지를 고른다.

POINT

이메일과 공지 등을 포함한 짧은 문장을 읽고 문장의 취지나 밑줄 부분의 의미를 고르는 문제입니다. 질문을 읽고 묻는 부분을 본문 속에서 찾아내어 체크하고 선택지와 대조합니다.

문제5 내용이해 (중문) 4문제×1

350자 정도의 문장을 읽고 내용에 관련된 선택지를 고른다.

POINT

밑줄 부분의 의미를 묻는 문제가 나오면 같은 의미를 나타내는 환언 표현과 문장 속에 몇 번이고 나오는 키워드를 찾습니다. 밑줄 부분의 앞뒤에 힌트가 있는 경우가 많습니다.

공부법

우선 전체를 대충 읽는 탑 다운의 읽기 방법으로 큰 의미를 파악하고 다음으로 문제문을 읽어 밑줄 부분의 앞뒤 등 해답으로 이어질 것 같은 부분을 차분히 보는 바텀업의 읽기 방법을 실행하면 좋습니다. 평소 독해 훈련도 먼저 대충 읽고 큰 의미를 파악한 후 천천히 읽어 나가는 두 가지 읽기 방법을 병용해 주십시오.

문제6 정보검색 1문제

광고, 팜플렛 등에서 필요한 정보를 찾아 내어 답한다.

POINT

어떤 정보를 얻기 위해서 전단지 등을 읽게 되는 일상의 독해 활동에 가까운 형태의 문제입니다. 질문에 포함된 일시와 요금 등 문제를 푸는 단서가 되는 것에는 밑줄을 긋고 표와 전단지의 해당하는 부분에 동그라미를 표시하는 등으로 답을 찾을 수 있습니다. 또한 표 바깥 쪽이나 전단지의 끝에 있는 주의문에 중요한 힌트가 쓰여 있는 경우도 있으므로 반드시 체크하십시오.

청해

POINT
청해는 「나중에 다시 한 번 생각하자」 라고 처리하지 마시고 음성을 들었으면 바로 답을 판단하여 마크시트에 기입합니다.

공부법
청해는 독해처럼 차분히 정보에 대하여 생각할 여유가 없습니다. 모르는 어휘가 있어도 순식간에 내용이나 발화의도를 파악할 수 있도록 많이 훈련하여 익숙해지십시오. 그렇지만 맹목적으로 듣기만 해서는 청해 능력은 늘지 않습니다. 말하는 사람의 목적을 파악한 후에 듣도록 합시다. 또한 청해 능력을 도와주는 어휘·문법의 기초력과 정보처리 속도를 올리기 위해 어휘도 음성으로 듣고 이해할 수 있도록 합시다.

청해 TIP
일본어능력시험에 대비하여 청해 공부를 하는 사람들은 어떻게 공부해야 빨리 일본어를 잘 듣고 좋은 점수를 받을 수 있는가 하는 질문을 가집니다.

이에 대한 정답은 없습니다. 각자의 일본어 학습 동기와 목적 등에서 독학하는 사람, 학원에 다니는 사람, 학교에서 수업하는 사람 등 매우 다양한 학습 방법에 따라 다르다고 할 수 있습니다.

다만, 여기에서 한 가지 효과적인 방법론에 대해 안내 드립니다.

청해는 기본적으로 음성이 들려서 단어의 뜻이 이해되지 않으면 해석이 불가합니다. 단어를 알게 되면 이 책에서 제시하는 청해 방법에 따라 문제를 푸는 요령을 터득하면 됩니다.

그런데, 단어를 마냥 하나씩 외우기 보다는 그 단어가 들어가는 문장의 음성을 함께 들으면서 외우는 것이 무엇 보다 효율적인 방법이라 할 수 있습니다. 그런 의미에서 본사에서 발행한 <필승합격 일본어능력시험 단어장 시리즈>를 추천합니다.

이 단어장 시리즈는 각 단어와 그 단어가 들어 가는 문장을 자연스럽고 듣기 편한 속도로 녹음하였으므로 음성으로 들으면서 공부할 수 있습니다. 일본어 레벨에 따라 N1에서 N5까지 다섯 권으로 구성하였고 총 10,000개 단어가 수록되어 있습니다.

단어가 사용되는 예문은 주제 및 상황에 맞게 구성되어 실생활과 JLPT 시험에 자주 나오는 문장으로 제시되고 있습니다. 많은 이용을 바랍니다.

문제1 과제 이해 8문제

두 사람의 회화를 듣고 어떤 과제를 해결하는데 필요한 정보를 알아듣는다.

もんだい1では、まず　しつもんを　聞いて　ください。それから　話を　聞いて、もんだいようしの　1から4の　中から、いちばん　いい　ものを　一つ　えらんで　ください。

상황설명과 질문을 듣는다
▼
대화를 듣는다
▼
다시 한번 질문을 듣는다
▼
답을 고른다

🔊 女の人と男の人が電話で話しています。女の人はこのあとまず何をしますか。

🔊 F：もしもし。今、駅前の郵便局の前にいるんだけど、ここからどうやって行けばいいかな？
M：郵便局か。そこから大きな茶色いビルは見える？
F：うん、見えるよ。
M：信号を渡って、そのビルの方へ歩いてきて。ビルの横の道を2分くらい歩くとコンビニがあるから、その前で待っていて。そこまで迎えに行くよ。
F：うん、わかった。ありがとう。
M：うん、じゃあまたあとで。

🔊 女の人はこのあとまず何をしますか。

1　ゆうびんきょくの　前で　まつ
2　ちゃいろい　ビルの　中に　入る
3　コンビニで　買いものを　する
4　しんごうを　わたる

정답 : 4

POINT

질문을 확실히 듣고, 들어야만 하는 포인트를 좁혀 들으십시오. 질문은「(이 다음 먼저) 何をしますか。」「何をしなければなりませんか」라는 것이 많습니다.「○○しましょうか。」「それはもうしたのでだいじょうぶ。」등으로 이야기가 오락가락하는 경우도 자주 있으므로 주의하십시오.

문제2 포인트 이해 7문제

두 사람 또는 한 사람의 이야기를 듣고 이야기의 포인트를 알아듣는다.

もんだい2では、まず しつもんを 聞いて ください。そのあと、もんだいようしを 見て ください。読む 時間が あります。それから 話を 聞いて、もんだいようしの 1から4の 中から、いちばん いい ものを 一つ えらんで ください。

```
┌──────────────┐
│  상황설명과   │
│ 질문을 듣는다 │
└──────┬───────┘
       ▼
┌──────────────┐
│   문제의     │
│   1～4를     │
│   읽는다     │
└──────┬───────┘
       ▼
┌──────────────┐
│  이야기를    │
│  듣는다      │
└──────┬───────┘
       ▼
┌──────────────┐
│ 다시 한번    │
│ 질문을 듣는다│
└──────┬───────┘
       ▼
┌──────────────┐
│  답을 고른다 │
└──────────────┘
```

 女の人と男の人が話しています。女の人は、結婚式で何を着ますか。

（約20秒間）

 F：明日の友だちの結婚式、楽しみだな。
M：そうだね。何を着るか決めたの?
F：本当は着物を着たいんだけど、一人じゃ着られないし、動きにくいんだよね。
M：そうだね。
F：それで、このピンクのドレスにしようと思ってるんだけど、どうかな。
M：うーん、これだけだと寒いと思うよ。
F：そうかな。じゃあ、この黒いドレスはどう? これは寒くないよね。
M：そうだけど、短すぎない?
F：そう? 短いほうがおしゃれでしょう。決めた。これにする。

 女の人は、結婚式で何を着ますか。

```
1  ピンクの  きもの
2  くろい   きもの
3  ピンクの  ドレス
4  くろい   ドレス
```

정답 : 4

POINT

질문문을 들은 후에 선택지를 읽을 시간이 있습니다. 질문과 선택지에서 내용을 예상하여 포인트를 좁혀서 들으십시오. 「いつ」「だれ」「どこ」「なに」「どうして」 등 구체적인 정보를 묻는 질문이 많습니다.

문제3 발화표현 5문제

일러스트를 보면서 상황설명을 듣고 가장 좋은 발화를 고른다.

もんだい3では、えを 見ながら しつもんを 聞いて ください。→（やじるし）の 人は 何と 言いますか。1から3の 中から、いちばん いい ものを 一つ えらんで ください。

일러스트를 본다

▼

상황설명과
질문을 듣는다

▼

1～3을
듣는다

▼

답을 고른다

🔊 友だちに借りた本にアイスクリームを落としてしまいました。何と言いますか。

1　本を汚してしまって、ごめんね。
2　本が汚れそうで、ごめんね。
3　本が汚れたみたいで、ごめんね。

정답：1

POINT

처음에 나오는 상황 설명과 질문 용지에 그려진 일러스트에서 상황과 등장 인물의 관계를 잘 이해한 다음 그 상황에 알맞은 전달 방법, 응답을 생각합니다.

문제 4 즉시응답 8문제

질문, 부탁 등의 짧은 발화를 듣고 적절한 답을 고른다.

> もんだい4では、えなどが ありません。まず ぶんを 聞いて ください。それから、その へんじを 聞いて、1から3の 中から、いちばん いい ものを 一つ えらんで ください。
>
> 질문 등을 듣는다
>   ↓
> 1～3을 듣는다
>   ↓
> 답을 고른다
>
> 🔊 おみやげのお菓子です。ひとつどうぞ。
>
> 1　わあ、いただきます。
> 2　いえ、どういたしまして。
> 3　たくさん食べてくださいね。
>
> 정답：1

공부법

문제3과 4에는 인사 및 일상 생활에서 자주 사용되는 부탁, 권유, 신청 등의 표현이 많이 나옵니다. 평소에 주의하여 외워둡시다. 문형에 대해서도 읽고 아는 것만이 아니라 귀로 듣고 알 수 있도록 공부합시다.

시간 기준

시험은 시간과의 전쟁입니다. 모의고사 문제를 풀 때에도 시간을 체크하면서 풀어 봅시다. 아래는 대략적인 기준입니다.

언어지식 (문자·어휘) 30분

문제	문제수	소요 시간 기준	1문제당 시간
문제1	9문제	3분	20초
문제2	6문제	2분	20초
문제3	10문제	7분	40초
문제4	5문제	4분	40초
문제5	5문제	10분	2분

언어지식(문법)·독해 60분

문제	문제수	소요 시간 기준	1문제당 시간
문제1	15문제	8분	30초
문제2	5문제	5분	1분
문제3	5문제	10분	2분
문제4	1문제×4개	16분	단문 1개 (1문제) 4분
문제5	4문제×1개	8분	중문 1개 (4문제) 8분
문제6	2문제×1개	8분	정보검색 1개 (2문제) 8분

청해 35분

제1회 해답·해설

정답	026
채점표와 분석	029
해답·해설	
언어지식 (문자·어휘)	030
언어지식 (문법)	033
독해	035
청해	040

N4 げんごちしき (もじ・ごい) 第1回

필승합격 모의고사 해답용지

じゅけんばんごう / Examinee Registration Number

なまえ / Name

もんだい1

1	①	●	③	④
2	①	②	●	④
3	①	●	③	④
4	①	②	●	④
5	①	②	●	④
6	●	②	③	④
7	●	②	③	④
8	①	●	③	④
9	①	●	③	④

もんだい2

10	●	②	③	④
11	●	②	③	④
12	①	②	●	④
13	●	②	③	④
14	●	②	③	④
15	●	②	③	④

もんだい3

16	①	②	③	●
17	①	●	③	④
18	●	②	③	④
19	●	②	③	④
20	●	②	③	④
21	①	●	③	④
22	●	②	③	④
23	●	②	③	④
24	①	●	③	④
25	①	●	③	④

もんだい4

26	●	②	③	④
27	①	●	③	④
28	●	②	③	④
29	①	●	③	④
30	①	●	③	④

もんだい5

31	①	②	③	●
32	①	②	③	●
33	●	②	③	④
34	①	●	③	④
35	①	②	③	●

〈ちゅうい Notes〉

1. くろいえんぴつ (HB、No.2) でかいてください。
   Use a black medium soft (HB or No.2) pencil.
   (ペンやボールペンではかかないでください。)
   (Do not use any kind of pen.)
2. かきなおすときは、けしゴムできれいにけしてください。
   Erase any unintended marks completely.
3. きたなくしたり、おったりしないでください。
   Do not soil or bend this sheet.
4. マークれい Marking Examples

よいれい Correct Example	わるいれい Incorrect Examples
●	⊗ ○ ◯ ⊕ ⦿

N4 げんごちしき(ぶんぽう)・どっかい 第1回

じゅけんばんごう
Examinee Registration Number

なまえ
Name

〈ちゅうい Notes〉

1. くろいえんぴつ (HB、No.2) でかいて ください。
   Use a black medium soft (HB or No.2) pencil.
   (ペンやボールペンではかかないでください。)
   (Do not use any kind of pen.)
2. かきなおすときは、けしゴムできれいに けしてください。
   Erase any unintended marks completely.
3. きたなくしたり、おったりしないでください。
   Do not soil or bend this sheet.
4. マークれい Marking Examples

よいれい Correct Example	わるいれい Incorrect Examples
●	⊘ ○ ◎ ○ ① ⊗

もんだい1

1	①	②	●	④
2	①	②	●	④
3	①	②	●	④
4	①	②	③	●
5	①	●	③	④
6	①	●	③	④
7	①	②	●	④
8	①	②	③	●
9	①	②	●	④
10	①	②	③	●
11	①	②	●	④
12	①	②	●	④
13	①	②	●	④
14	①	②	●	④
15	①	②	③	●

もんだい2

16	①	②	●	④
17	①	●	③	④
18	①	②	●	④
19	①	●	③	④
20	①	②	③	●

もんだい3

21	●	②	③	④
22	①	●	③	④
23	①	②	③	●
24	①	●	③	④
25	①	②	●	④

もんだい4

26	①	②	③	●
27	①	②	●	④
28	①	②	③	●
29	①	②	③	●

もんだい5

30	①	②	③	●
31	①	●	③	④
32	①	②	③	●
33	①	②	●	④

もんだい6

34	①	②	●	④
35	①	②	③	●

필승합격 모의고사 해답용지

N4 ちょうかい

第1回

じゅけんばんごう / Examinee Registration Number

なまえ / Name

もんだい1

	①	②	③	④
れい			●	
1		●		
2			●	
3				●
4	●			
5	●			
6		●		
7				●
8	●		●	

もんだい2

	①	②	③	④
れい			●	
1			●	
2				●
3	●			
4		●		
5				●
6			●	
7		●		

もんだい3

	①	②	③
れい		●	
1	●		
2		●	
3	●		
4			●
5		●	

もんだい4

	①	②	③
れい	●		
1	●		
2	●		
3		●	
4	●		
5	●		
6	●		
7			●
8		●	

〈ちゅうい Notes〉

1. くろいえんぴつ (HB、No.2) でかいて ください。
   Use a black medium soft (HB or No.2) pencil.
   (ペンやボールペンではかかないでください。)
   (Do not use any kind of pen.)
2. かきなおすときは、けしゴムできれいにけしてください。
   Erase any unintended marks completely.
3. きたなくしたり、おったりしないでください。
   Do not soil or bend this sheet.
4. マークれい Marking Examples

よいれい Correct Example	わるいれい Incorrect Examples
●	⊗ ○ ◎ ◑ ① ⦵

제1회 채점표와 분석

		배점	정답수	점수
문자·어휘	문제1	1점×9문제	/9	/9
	문제2	1점×6문제	/6	/6
	문제3	1점×10문제	/10	/10
	문제4	1점×5문제	/5	/5
	문제5	1점×5문제	/5	/5
문법	문제1	1점×15문제	/15	/15
	문제2	2점×5문제	/5	/10
	문제3	2점×5문제	/5	/10
독해	문제4	5점×4문제	/4	/20
	문제5	5점×4문제	/4	/20
	문제6	5점×2문제	/2	/10
	합계	120점		/120

		배점	정답수	점수
청해	문제1	3점×8문제	/8	/24
	문제2	2점×7문제	/7	/14
	문제3	3점×5문제	/5	/15
	문제4	1점×8문제	/8	/8
	합계	61점		/61

60점이 되도록 계산하여 봅시다.

☐ 점 ÷ 61 × 60 = ☐ 점

※이 채점표의 득점은 아스크출판편집부가 문제의 난이도를 판단하여 배점했습니다.

언어지식 (문자 · 어휘)

◆ 문자 · 어휘

※해설은 유사표현을 많이 알 수 있도록 알기 쉬운 일본어와 한국어를 병용하였습니다.

もんだい1

1 정답 : 3 しなもの
品物 : 물건/물품/상품

2 정답 : 1 にゅうがく
入学 : 입학
- 2 入国 : 입국
- 3 入試 : 입시
- 4 入院 : 입원

3 정답 : 2 かよって
通う : 다니다
- 3 向かう : 향하다/바라보다
- 4 通る : 지나다

4 정답 : 1 こうぎょう
工業 : 공업

5 정답 : 1 しゅっぱつ
出発 : 출발

6 정답 : 3 うんどう
運動 : 운동

7 정답 : 3 しめて
閉める : 닫다
- 1 止める : 멈추다/세우다
- 2 決める : 결정하다
- 4 やめる : 그만두다

8 정답 : 1 みち
道 : 길
- 2 橋 : 다리

- 3 家 : 집
- 4 国 : 나라/국가

9 정답 : 3 えいが
映画 : 영화

もんだい2

10 정답 : 2 借ります
借りる : 빌리다
- 1 貸す : 빌려주다
- 4 持つ : 갖다/쥐다

11 정답 : 3 音楽
音楽 : 음악

12 정답 : 1 待って
待つ : 기다리다
- 2 持つ : 갖다/쥐다

13 정답 : 2 火事
火事 : 화재
- 3 家事 : 가사/집안 일
- 4 事故 : 사고

14 정답 : 3 急いで
急ぐ : 서두르다

15 정답 : 3 気分
気分 : 기분
- 4 気持ち : 감정

もんだい3

16 정답 : 4 ぬって
ぬる : 바르다

1 する : 하다
2 濡れる : 젖다
3 乗る : 타다

17 정답 : 1 ひさしぶりに
久しぶりに : 오랜만에

2 将来 : 장래/미래
3 これから : 지금부터/앞으로
4 今度 : 다음 번

18 정답 : 2 みなと
港 : 항

1 空港 : 공항
3 町 : 도시
4 駅 : 역

19 정답 : 4 しゅみ
趣味 : 취미

1 習慣 : 습관
2 興味 : 흥미
3 約束 : 약속

20 정답 : 2 かたづけて
片付ける : 정리하다
1 消す : 지우다
3 比べる : 비교하다
4 並べる : 늘어놓다/나란히 세우다

21 정답 : 3 おつり
おつり : 거스름돈
1 レシート : 영수증
2 お札 : 현찰
4 財布 : 지갑

22 정답 : 4 まじめ
まじめ : 성실함
1 たいへん : 몹시/매우
2 ぴったり : 꼭/딱
3 ゆっくり : 천천히

23 정답 : 2 こわかった
怖い : 두렵다

1 うれしい : 기쁘다
3 さびしい : 외롭다
4 はずかしい : 부끄럽다

24 정답 : 1 よやく
予約 : 예약

2 予報 : 예보
3 予想 : 예상
4 予定 : 예정

25 정답 : 3 やっと
やっと : 마침내/드디어

1 ちっとも…ない : 조금도…않다
2 確か : 확실함
4 必ず : 반드시

もんだい4

26 정답 : 2 さいきん、家に あまり いません。
るす : 부재중
家をるすにする＝家にいない

3 呼ぶ : 부르다
4 遊ぶ : 놀다

27 정답 : 3 きょうの テストは やさしかったです。
簡単＝やさしい : 쉽다

1 複雑 : 복잡
2 大変 : 몹시
4 難しい : 어렵다

28 정답 : 1 くるまが こわれました。
故障 : 고장
壊れる : 고장나다

2 汚れる : 더럽혀지다
3 動く : 움직이다
4 止まる : 멈추다/서다

29 정답 : 3 いま　たばこを　すって　いません。
やめる : 그만두다
たばこをやめる＝たばこを吸わない
 1 始める : 시작하다
2 買う : 사다

30 정답 : 1 よく　べんきょうします。
一生懸命 : 열심히
よく…する : 자주…하다
 2 あまり…しない : 그다지…하지 않는다
3 少し…する : 조금…하다
4 ほとんど…しない : 거의…하지 않는다

もんだい 5

31 정답 : 4 なつやすみに　友だちと　はなびたいかいを　けんぶつしました。
見物 : 구경
 1 大学で経済を勉強しています。
勉強 : 공부
2 昨日、工場を見学しました。
見学 : 견학

32 정답 : 4 日本には　兄が　いますから、あんしんです。
安心 : 안심
 3 事故が起きてとても心配です。
心配 : 걱정

33 정답 : 1 やさいを　こまかく　きって　ください。
細かい : 잘다
2 彼の家はとてもせまいです。
せまい : 좁다
3 そのえんぴつは細いですね。
細い : 가늘다/얇다
4 私の兄はとても足が小さいです。
小さい : 작다

34 정답 : 1 水に　ぬれて、かみが　やぶれました。
破れる : 찢어지다
 2 台風で、木が倒れました。
倒れる : 넘어지다
3 コップが落ちて、割れました。
割れる : 깨지다
4 いすを投げたら、壊れました。
壊れる : 고장나다

35 정답 : 4 ジョンさんを　サッカーに　さそいます。
誘う : 초대하다/권유하다
 1 毎日1時間、ゲームをします。
する : 하다
2 春になると、さくらが咲きます。
咲く : 피다
3 雨が降ったら、傘をさします。
さす : 쓰다

언어지식 (문법)·독해

◆ 문법

もんだい1

1 정답 : 2 で
名詞（명사）＋で : 재료·도구·방법·수단을 나타낸다.
れい　このカップはガラス**で**できています。[材料（재료）]
えんぴつ**で**名前を書きます。[道具（도구）]
アニメ**で**日本語を勉強します。[方法（방법）]
電車**で**学校に通っています。[手段（수단）]

2 정답 : 2 なら
名詞（명사）＋なら : 주제를 제시한다.
れい　お茶**なら**、あたたかいのがおいしいです。

3 정답 : 2 のに
〜のに : 〜지만
れい　30分も待っていた**のに**、まだ料理が来ていない。

4 정답 : 3 行こう
〜（よ）うと思っている＝〜たいとずっと考えている 〜하고자 한다
れい　夏休みに富士山に**のぼろうと思っている**。
□旅行 : 여행

5 정답 : 1 だけ
〜だけ : 〜만
れい　コンビニでパン**だけ**買った。
🔍 3 しか…ない : 밖에…않다
れい　晩ごはんはパン**しか**食べ**なかった**。

6 정답 : 1 でも
名詞（명사）＋でも : ほかにもあるが…。
れい　のどがかわいたので、ジュース**でも**飲みましょう。

7 정답 : 2 はず
〜はず : 〜할 것
れい　あしたのパーティーに先生も行く**はず**です。

8 정답 : 4 やさしそうな
〜そう : 〜처럼 보이다
※い形容詞（い형용사）는 [い形容詞い]의 형태를 사용한다.
れい　おいしそう : 맛있어 보이다
　　　さびしそう : 외로워 보이다
　　　大変そう : 힘들어 보이다

9 정답 : 3 やすい
〜やすい : 어떤 [動作（동작）] 이 간단하게 이루어지는 일
れい　飲みやすい　やりやすい

10 정답 : 1 ねたほうがいい
〜たほうがいい : 〜하는 것이 좋다
れい　ごはんをちゃんと食べ**たほうがいい**よ。
□風邪を引く : 감기에 걸리다
□くすりを飲む : 약을 먹다

11 정답 : 4 飲まされたんです
「飲まされる」는 「飲む」의 [使役受身形（사역수동형）].
□顔色 : 안색

12 정답 : 1 なるといいです
〜といい＝〜たらいい 〜면 좋다

れい 今度の冬休みはお母さんに会える**とい
い**ですね。
（＝今度の冬休みはお母さんに会え**た
らいい**ですね。）

13 정답 : 2 手伝ってくれて
～てくれる：～해 주다(받다)
れい 彼氏はケーキを作っ**てくれ**ました。
🔖 4 ～てあげる：～해주다
れい 彼女にケーキを作っ**てあげ**ました。

14 정답 : 4 したり、したり
～たり～たりする：몇 가지 [行為（행위）] 중에서 예를 들다
れい あそこにいる人たちは食べ**たり**飲ん**だり**しています。

15 정답 : 3 読んでいません
まだ読んでいない：いまの状態（현재 상태）
まだ読まない：지금 읽을 의사가 없다

もんだい2

16 정답 : 3
電気を ２けさないで ４かぎを ３あけた
１まま　出かけてしまいました。
～たまま：상태가 계속 되고 있는 것

17 정답 : 1
あとですてるから、4ごみを　2あつめて　1おいて　3ください。
～ておく：어떤 목적을 위해 미리 무언가를 하다.

18 정답 : 2
家を　1出よう　4と　2した　3ときに、急に雨がふってきました。
～（よ）うとしたときに：～하려고 했을 때

19 정답 : 1
はい、2弟も　4つれて　1いって　3いいですか。

□ 連れていく：데리고 가다

20 정답 : 4
わたしは父　2に　3お酒　1を　4やめてほしいと思っています。
（人）に（もの）をやめてほしい：(사람)에게 (일)을 그만두었으면 좋겠다

もんだい3

21 정답 : 1 が
「好き」 앞의 조사는 「が」가 된다.
れい 私は日本のアニメ**が**好きです。

22 정답 : 3 作らなくなりました
あまり…ない：그다지…않다
～なる：[状態の変化（상태의 변화）] 를 나타낸다

23 정답 : 4 だから
だから：그러므로 / 그래서
🔖 1 そんなに：그렇게(까지)
　　2 たとえば：예를들면
　　3 けれども：하지만

24 정답 : 1 作れるようになりました
～ようになる：[変化（변화）] 를 나타낸다
難しかった→ケーキを作る練習をした→おいしいケーキが作れた

25 정답 : 2 と
～と、…：～のときは、いつも…になる
れい おばあさんの家に行くと、おいしい料理が食べられる。

◆ 독해

もんだい 4

(1) 26 정답 : 2

~たのしい夏まつり~

日時：7月15日（土）

15時～20時

場所：あおば公園

夏まつりに行く人は、14時に駅に集まってください。公園に自転車をおく場所がありませんから、電車などを使ってください。

雨がふったら、夏まつりは7月22日（土）になります。

あおば日本語学校

7月1日

여름 축제에 가고 싶은 사람은 7월 15일 14시에 전철 등을 이용하여 역으로 온 후에 공원으로 간다.

□ 集まる : 모이다

(2) 27 정답 : 3

私の家はいなかにあります。**1 デパートや映画館がある町まで、車で2時間くらいかかりますし、2 おしゃれなお店やレストランもあまりありません**。だから、子どものとき、私はいなかが好きではありませんでした。でも、大人になって、**3 このいなかが少しずつ好きになってきました。いなかにはいいところがたくさんあることに気がついたからです。4 いなかは町ほど便利じゃないですが**、静かだし、水や野菜もとてもおいしいです。私はいなかが大好きです。

1 백화점과 영화관이 있는 도시까지 멀기 때문에 어릴 때는 시골을 좋아하지 않았다

2 멋진 가게와 레스토랑은 거의 없다

3 ○

4 도시 쪽이 편리

□ いなか : 시골
□ おしゃれ（な）: 멋(진)
□ （に）気がつく／気づく : (에) 깨닫다／알게 되다

(3) 28 정답 : 2

図書館を利用される方へ

> **1読み終わった本は、受付に渡してください。**
>
> 机やいすを使ったら、必ず片付けてください。**2ゴミは持って帰ってください。**
>
> 本をコピーするときは、**3受付に言ってから、コピーをしてください。**
>
> 図書館の中で、**4次のことをしないでください。**
> ・食べたり飲んだりすること
> ・**4写真を撮ること**

- 1 책을 다 읽었으면 접수처에 건넨다
- 2 ◯
- 3 접수처에 말하면 복사할 수 있다
- 4 사진을 찍으면 안된다

 기하자!

□ 読み終わる : 다 읽다
□ 渡す : 건네다
□ 片付ける : 정리하다

(4) 29 정답 : 3

キムさん

こんにちは。

1今、キムさんは韓国にいると聞きました。2私は23日から27日まで、韓国に行こうと思っています。 もし、キムさんの都合がよかったら、夜に一緒に食事でもしませんか。**3キムさんが食事に行ける日を教えてくれたら、4私がレストランを予約しておきます。** 韓国でキムさんに会えるのを、とても楽しみにしています。

田中

- 1 다나카 씨는 김 씨가 한국에 있는 것을 알고 있다
- 2 한국에 오는 것은 다나카 씨
- 3 ◯
- 4 다나카 씨가 레스토랑을 예약한다

 기하자!

□ 都合がいい : 사정이 좋다 / 형편이 좋다
□ 予約 : 예약

もんだい5

30 정답 : 4　　**31** 정답 : 2　　**32** 정답 : 4　　**33** 정답 : 1

私は2年前に日本に来ました。日本は、コンビニやスーパーがたくさんあって便利だし、とても生活しやすい国だと思いました。

でも、①残念なことがあります。それは、ゴミがとても多いことです。町の中を歩いていると、ゴミはほとんどなくて、どこもきれいですが、**30日本で生活していると、たくさんゴミが出ます**。例えば、おかしを買ったとき、おかしの箱を開けたら、**32おかしが一つひとつビニールの袋に入っていました**。一つおかしを食べると、ゴミが一つ増えてしまいます。この前、スーパーでトマトを買ったら、**32プラスチックの入れ物にトマトがおいてあって、ビニールでつつんでありました**。家に帰って、料理をすると、**31プラスチックの入れ物も、ビニールも、全部ゴミになります**。だから、②私の家のゴミ箱はすぐにプラスチックのゴミでいっぱいになってしまいます。

③確かにそうすると、おかしやトマトはきれいだし、1人で生活する人に便利です。でも、私はおかしやトマトを一つひとつビニールの袋に入れたり、プラスチックの入れ物に入れたりする必要はないと思います。プラスチックやビニールの袋を使わなかったら、(　　　)。

---

30 일본에서 생활하면 쓰레기가 많이 나온다→안타깝다고 생각한다

32 음식물을 비닐이나 플라스틱으로 싼다→과자와 토마토가 깨끗해지고, 생활이 편리해진다

31 음식물이 플라스틱이나 비닐에 싸여 있다→플라스틱이나 비닐 쓰레기가 늘어난다

33 플라스틱이나 비닐을 사용하지 않는다→쓰레기가 준다

⭐ 암기하자!

- 残念 : 유감 / 안타까움
- ビニール : 비닐
- プラスチック : 플라스틱
- 入れ物 : 용기
- つつむ : 싸다
- いっぱい : 가득
- 確かに : 확실히
- 必要 : 필요

もんだい6

34 정답：4　　**35** 정답：1

わくわくカルチャーセンター

5月は、6つの教室があります。

先生がやさしく教えてくれるので、初めての人も心配しないでください。

☆5月のスケジュール

	料金※1	場所	持ち物	時間
①バスケットボール※2	無料	体育館	飲み物 タオル	月曜日 **34** 18:00 ～ 19:30 金曜日 **34** 19:00 ～ 20:30
②水泳	500円	プール	水着・タオル 水泳帽子	木曜日 10:00 ～ 11:00 17:00 ～ 18:00
③茶道	100円	和室	なし	火曜日 10:00 ～ 11:30
④パン作り	300円	調理室	エプロン タオル	**34** 土曜日 10:00 ～ 12:00
⑤ピアノ	100円	教室1	なし	木曜日 17:00 ～ 18:00
⑥ギター	無料	教室2	なし	水曜日 10:00 ～ 12:00 14:00 ～ 15:00

※1　料金はそれぞれの教室の先生に払ってください。
※2　**35 バスケットボールをしたあとは、必ず体育館をそうじしてください。**

　わくわくカルチャーセンターに初めて参加する人は、受付で名前と電話番号を書いてください。

　教室を休むときは、下の電話番号に電話してください。

わくわくカルチャーセンター
電話：0121-000-0000

---

34 18시부터 시작하는 교실은 ①농구, 토요일에 하는 교실은 ④빵 만들기

35 농구 교실이 끝나면 체육관을 청소해야 한다

★ 암기하자!
- □ 料金(りょうきん) : 요금
- □ 払(はら)う : 지불하다
- □ 参加(さんか)〈する〉 : 참가〈하다〉

청해

もんだい1

れい　정답：4　　🔊 N4_1_03

女の人と男の人が電話で話しています。女の人はこのあとまず何をしますか。

F：もしもし。今、駅前の郵便局の前にいるんだけど、ここからどうやって行けばいいかな？

M：郵便局か。そこから大きな茶色いビルは見える？

F：うん、見えるよ。

M：信号を渡って、そのビルの方へ歩いてきて。ビルの横の道を2分くらい歩くとコンビニがあるから、その前で待っていて。そこまで迎えに行くよ。

F：うん、わかった。ありがとう。

M：うん、じゃあまたあとで。

女の人はこのあとまず何をしますか。

1ばん　정답：3　　🔊 N4_1_04

会社で男の人と女の人が話しています。男の人は、カメラをどうしますか。

M：田中さん、このカメラ使う？　ぼくはもう使い終わったから、どうぞ。

F：あ、実は、別のカメラを貸してもらったから、大丈夫です。ありがとうございます。

M：そうなんだ。じゃあ、どこにしまえばいいかな。棚に置いておけばいい？

F：棚の上に箱があるので、その箱に入れていただけますか。

M：うん、わかった。

F：あ、そういえば、さっき、山田さんがカメラを使いたいって言っていましたよ。

― 야마다 씨가 오후에 카메라를 사용하고 싶다고 하므로 카메라를 야마다 씨에게 건넨다.

M:そうなんだ。

F:**今日の午後に写真を撮ると言っていたから、すぐ渡したほうがいいと思います。**

M:うん、わかった。

男の人は、カメラをどうしますか。

암기하자!

- □しまう:해버리다
- □棚:선반
- □そういえば:그러고보니
- □すぐ:금방/바로
- □渡す:건네다

2ばん　정답:4　　　🔊 N4_1_05

スーパーで男の人が女の人に電話しています。男の人は何を買って帰りますか。

M:今スーパーにいるんだけど、何かいる?

F:そうだな、ア**アイスクリームが食べたいな。**

M:わかった。あ、牛乳が安くなってるよ。

F:イ**昨日買っちゃったから、いらないよ。**あ、そうだ、おいしそうな魚、ある?

M:残念ながら、ウ**魚は全部売れちゃって、置いていないよ。**朝ごはんに食べるパンはいる?

F:そうね、エ**今朝全部食べちゃったから、お願い。**

M:わかった。

男の人は何を買って帰りますか。

ア　アイスクリーム:여성이 먹고싶으므로 산다

イ　우유:어제 샀다

ウ　생선:전부 팔렸다

エ　パン:전부 먹었으므로 산다

암기하자!

- □いる:필요하다
- □残念ながら:유감스럽지만/안타깝지만
- □全部売れちゃった:전부 팔렸다
- □全部食べちゃった:전부 먹었다

3ばん　정답 : 1　　🔊 N4_1_06

大学で、先生が話しています。レポートはどうやって出さなければなりませんか。

M：この授業のレポートの締め切りは今月の25日です。20日から25日まで、**1私の研究室の前に箱を置いておくので、その箱に入れてください**。最近、**2メールでレポートを送る人がいますが、その場合、レポートは受け取りません**。また、レポートをなくしてしまうかもしれないので、**3私に直接渡すのもやめてください**。25日をすぎたら、研究室の前の箱を片付けます。**4締め切りをすぎたら、私に相談しても、絶対に受け取りません**から、その時はあきらめてください。

レポートはどうやって出さなければなりませんか。

1　○
2　이메일로 보내면 안 된다
3　선생님에게 직접 건네면 안된다
4　마감일을 넘겼으면 선생님에게 상담하여도 받아들여 주지 않는다

암기하자!

- □ レポート : 리포트
- □ 締め切り : 마감일
- □ 場合 : 경우
- □ 受け取る : 받다
- □ 直接 : 직접
- □ 渡す : 건네다
- □ やめる : 그만두다
- □ すぎる : 넘기다
- □ 片付ける : 정리하다
- □ 相談〈する〉: 상담〈하다〉
- □ 絶対に : 결코 / 절대로
- □ あきらめる : 단념하다

4ばん　정답 : 3　　🔊 N4_1_07

学校で男の人と女の人が話しています。男の人は、このあと何をしますか。

M：あ、佐藤さん。もう帰るの？
F：図書館に本を返したら帰ろうと思ってるんだ。
M：そうなんだ。今から駅前の喫茶店に行くんだけど、**1一緒に行かない？**

1　여성과 함께 찻집으로 간다

F：え、あそこの喫茶店？　**1ずっと行きたいと思ってた。**

M：**1よかった。じゃあ、行こう。**

F：うん、先に図書館に本を返しに行ってくるから、**3この教室で待ってて。**

M：**2一緒に図書館に行こうか？**

F：**2ううん、すぐ終わるから、大丈夫。**

M：わかった。

男の人は、このあと何をしますか。

3 ○
2 여성이 혼자서 도서관으로 책을 돌려주러 간다
4 「本を読む」라는 이야기는 하고 있지 않다

기하자!

□ずっと：계속
□先に：먼저

5ばん　정답：1　　N4_1_08

電話で男の人と女の人が話しています。男の人は、このあとまず何をしますか。

M：もしもし、佐藤さん。今どこ？

F：今、駅に着いたところだよ。

M：そうか。実は電車に乗り遅れちゃって、バスで行くことにしたんだ。

F：そうなんだ。あとどのくらいかかるの？

M：うーん、そうだなあ…次のバスが10分後に来るから、そのバスに乗って…。

F：**ここまでバスで何分かかるか、バスに乗る前にちゃんと調べてみてよ。**わかったらまた電話して。

M：うん、わかった。

F：それまで本屋で待ってるよ。

M：うん、ごめんね。

男の人は、このあとまず何をしますか。

버스를 타기 전에 먼저 시간을 알아본다.

암기하자!

- □ 乗り遅れる : 놓치다
- □ かかる : 걸리다
- □ 調べる : 알아보다/조사하다

6ばん　정답 : 4　　🔊 N4_1_09

お店の人と男の人が電話で話しています。男の人は、いつお店に行きますか。

F : お電話ありがとうございます。「日本料理　さくら」です。

M : あのー、**1 今日7時に予約していた田中と申します。すみません、日にちを変えたいんですが、明日の6時は空いてますか。**

F : 少々お待ちください。…申し訳ありません、**2 明日の6時はもう予約がいっぱいなので…。**

M : そうですか。8時はどうですか。

F : **3 8時ですね。6名様分のお席ならご用意できますが。**

M : **3 うーん、8人なんです。**

F : でしたら、**4 あさっての6時はいかがでしょうか。8名様分のお席をご用意できます。**

M : あ、**4 じゃあその日にお願いします。**

F : かしこまりました。

男の人は、いつお店に行きますか。

1　오늘 7시로 예약했지만 이제부터 날짜를 바꾼다

2　내일 6시는 이미 예약이 가득찼다

3　내일 8시는 8명분의 자리가 없다

4　〇

암기하자!

- □ 予約〈する〉 : 예약〈하다〉
- □ 日にち : 날짜
- □ 変える : 바꾸다
- □ 空く : 비다
- □ いっぱい : 가득
- □ ～名様分 : ～명분
- □ 席 : 좌석/자리
- □ 用意〈する〉 : 준비〈하다〉

7ばん　정답：3　　🔊 N4_1_10

会社で男の人と女の人が話しています。女の人はこれから何をしなければなりませんか。

M：会議お疲れさま。会議室の掃除、お願いできるかな？

F：はい。**1 もう机といすは片付けてしまいましたから**、あとはゴミを捨てるだけです。

M：ありがとう。**2 ぼくがゴミを捨てに行くから**、**3 加藤さんはあそこのコップを洗っておいてくれる？**

F：はい。あ、会議室のカギは閉めておいたほうがいいでしょうか。

M：**4 会議室はまだ使う人がいるみたいだから、そのままでいいと思うよ。**

F：そうなんですか。知らなかったから、机といすを片付けてしまいました。

M：いいよ、いいよ。気にしないで。じゃあ、よろしく。

女の人はこれから何をしなければなりませんか。

― 1　책상과 의자 정리는 이미 끝났다
― 2　남성은 쓰레기를 버린다
― 3　○
― 4　회의실 자물쇠를 잠구지 않아도 된다

⭐ 암기하자!

- □ 片付ける：정리하다
- □ 捨てる：버리다
- □ カギ：열쇠/자물쇠
- □ そのまま：있는 대로
- □ 気にする：걱정하다

8ばん　정답：2　　🔊 N4_1_11

女の人と男の人が話しています。男の人はゴミをどうしますか。

F：すみません、ゴミのことなんですが…。

M：えっ？　ゴミ？　今日は月曜日だからプラスチックのゴミを出す日ですよね？

F：今日は月曜日ですが、休みなのでゴミを集めないんです。**だからプラスチックのゴミは明日出さなきゃいけないんですよ。**

M：あ、すみません。間違えてしまって…。

― 화요일에 쓰레기를 버린다

F : ゴミ捨て場に置いたままにしないでくださいね。猫やカラスが来て、汚しちゃうんです。

M : はい。すみません。

F : 気をつけてくださいね。

男の人はゴミをどうしますか。

쓰레기를 갖고 돌아가야 한다.

置いたままにする : 둔 채로 하다

⭐ 암기하자!

☐ プラスチック : 플라스틱
☐ ゴミを出す : 쓰레기를 버리다
☐ 集める : 모으다
☐ 間違える : 틀리다 / 실수하다
☐ ゴミ捨て場 : 쓰레기장
☐ カラス : 까마귀
☐ 汚す : 더럽히다
☐ 気をつける : 주의하다 / 조심하다

もんだい2

れい   정답 : 4   🔊 N4_1_13

女の人と男の人が話しています。女の人は、結婚式で何を着ますか。

F : 明日の友だちの結婚式、楽しみだな。

M : そうだね。何を着るか決めたの?

F : 本当は着物を着たいんだけど、一人じゃ着られないし、動きにくいんだよね。

M : そうだね。

F : それで、このピンクのドレスにしようと思ってるんだけど、どうかな。

M : うーん、これだけだと寒いと思うよ。

F : そうかな。じゃあ、この黒いドレスはどう? これは寒くないよね。

M : そうだけど、短すぎない？

F : そう？　短いほうがおしゃれでしょう。決めた。これにする。

女の人は、結婚式で何を着ますか。

1ばん　정답 : 4　　　　　　　　　　　🔊 N4_1_14

学校で先生と男の子が話しています。男の子はどうして遅刻してしまいましたか。

F : 田中くん、また今日も遅刻ですよ。

M : すみません、先生。

F : どうしたの？　朝早く起きられないの？

M : いいえ、毎日9時に寝て、6時に起きています。

F : じゃあ、学校に間に合うじゃない。もしかして、朝からテレビを見たりしてるんじゃない？

M : してません。**実は犬を飼い始めていて、毎朝散歩に行くんです。** すごく楽しくて、つい時間を忘れちゃって…。

F : そうだったの。でも、時間は守らなくてはだめだよ。

男の子はどうして遅刻してしまいましたか。

「~んです」는 「~のです」의 회화체. [自分の事情や理由(자신의 사정이나 이유)]를 이야기하고 싶을 때 사용한다.

⭐암기하자!

- □遅刻 : 지각
- □間に合う : 시간을 맞추다
- □実は : 실은/사실은
- □飼う : 기르다
- □つい : 무심코
- □時間を忘れる : 시간을 잊다
- □守る : 지키다

2ばん　정답：3　　　N4_1_15

学校で男の人と女の人が話しています。男の人はいつごはんを食べに行きますか。

M：あー、お腹すいた。

F：中山くん、まだごはん食べてないの？　私、たった今ごはん食べてきたところだよ。誘えばよかったね。

M：レポートが終わったら、食べに行こうと思ってたんだ。レポートは書き終わったから、今からごはん、食べに行こうかな。

F：今どのお店も混んでると思うよ。もう少ししてから食べに行ったほうがいいんじゃない？

M：**もうお腹ペコペコだよ。やっぱり、行ってくる。**

男の人はいつごはんを食べに行きますか。

> お腹ペコペコ＝매우 배가 고프다
> 그러므로 조금 더 있다가가 아니라 지금 먹으러 간다.「行ってくる」는「行って帰ってくる」라는 의미이지만「帰る」의 의미는 그다지 강하지 않다.

⭐ 암기하자!
- □たった今 : 지금 막
- □誘う : 초대하다 / 권유하다
- □レポート : 리포트
- □混む : 붐비다
- □やっぱり : 역시나

3ばん　정답：3　　　N4_1_16

家でお母さんと男の子が話しています。男の子はどうして学校に行きたくないと言っていますか。

F：おはよう。なんだか元気がないじゃない。お腹でも痛いの？

M：そんなんじゃないよ。

F：あ、もしかして今日テストを受けるのがいやだから？

M：ちゃんと勉強したから大丈夫。それより、**見てよ、この髪。お母さんが昨日、短く切りすぎたから、変な髪型になっちゃったじゃないか！**

F：えー、すごく似合ってるよ。

M：お母さん、風邪を引いたから、学校を休みますって連絡してくれない？

> 남자 아이는 새로운 머리 모양이 싫어서 학교에 가고 싶지 않다.「風邪を引いたから」는 학교를 쉬기 위한 거짓말의 이유.

F: 何言ってるの。早く学校に行きなさい。

男の子はどうして学校に行きたくないと言っていますか。

⭐ 암기하자!
- □テストを受ける：시험을 치르다
- □髪：머리
- □切りすぎる：너무 자르다
- □変（な）：이상(한)
- □髪型：머리 모양/헤어스타일
- □似合う：어울리다
- □連絡〈する〉：연락〈하다〉

4ばん　정답：1　　　N4_1_17

図書館で、図書館の人が話しています。図書館では、何をしてはいけませんか。

M: 今から図書館の使い方についてお話しします。図書館はみんなが本を読んだり、勉強したりする場所ですから、**話すときは、小さい声で話してください**。本をコピーしたいときは、1階のコピー機を使ってください。このコピー機では、カラーコピーはできません。パソコンが使いたいときは、初めに受付でパスワードを教えてもらえば、だれでも使うことができます。飲み物は、ペットボトルに入っているものはいいですが、それ以外はだめです。

図書館では、何をしてはいけませんか。

> 小さい声で話してください＝큰 소리로 말하면 안된다

⭐ 암기하자!
- □コピー機：복사기
- □カラーコピー：컬러복사
- □パスワード：패스워드
- □教える：가르치다
- □ペットボトル：페트병
- □以外：이외

5ばん　정답：2　　🔊 N4_1_18

大学で女の人と男の人が話しています。男の人は大学を卒業したら、どうしますか。

F：もう4年生だけど、なかなかいい会社が見つからなくて…。

M：林さんは大学を卒業したら、仕事をするの？

F：そうだよ。ほかの友だちもみんな会社に入るために試験を受けてるよ。佐藤くんはどうするの？

M：ぼくは**もう一度学校に行って、勉強するつもりだよ**。　── ~つもり : ~할 예정

F：じゃあ、大学院に行くってこと？

M：ううん。**料理の学校に行くつもりなんだ**。その学校を卒業したら、海外に行ってもっと勉強しようと思ってる。将来自分のお店を開きたいと思っているからね。

F：すごいね。がんばって。

男の人は大学を卒業したら、どうしますか。

기하자!

□卒業〈する〉: 졸업〈하다〉
□見つかる: 발견되다
□試験を受ける: 시험을 치르다
□大学院: 대학원
□お店を開く: 가게를 열다 / 가게를 차리다

6ばん　정답：2　　　🔊 N4_1_19

会社で男の人と女の人が話しています。会議はいつになりましたか。

M：加藤さん、明日の会議は3時からだったよね？

F：はい、そうです。

M：実は、会議の前に、お客様の会社に行かなければならなくなったから、会議が始まる時間を4時にしてほしいんだ。

F：そうですね…。**1時間遅くすると、会議室が使えないんです。30分遅くしたら、会議室は予約できますが**…。

M：30分か…。

F：別の日に変えましょうか。

M：いや、大丈夫だ。じゃあ、会議室の予約をお願い。

会議はいつになりましたか。

— 3시부터의 회의를 30분 늦춘다.

⭐ 암기하자!

☐ ~てほしい：~해주길 원하다
☐ 遅くする：늦추다
☐ 予約：예약
☐ 別：따로
☐ 変える：바꾸다

7ばん　정답：1　　　　　　　　　🔊 N4_1_20

女の子とお父さんが話しています。女の子はどのシャツに決めましたか。

F：ねえ、お父さん。あのシャツ買ってよ。あのシャツ。

M：**花の絵が描いてあるやつ？**

F：違うよ、そのとなりにあるのだよ。

M：この猫の絵が描いてあるシャツ？

F：うん、それだよ。

M：でも、小さいサイズしかないよ。こっちの猫とリボンのシャツならちょうどいいサイズのがあるけど。

F：すごくかわいいんだけど、似ているのがあるから…。

M：**お父さんは最初のシャツがかわいいと思うけど。** ── 처음에 이야기한 것은 꽃 그림의 셔츠.

F：そっか、じゃあそれにする。

女の子はどのシャツに決めましたか。

⭐ 암기하자!
- □描く : 그리다
- □サイズ : 사이즈
- □～しかない : ~밖에 없다
- □リボン : 리본
- □ちょうどいい : 딱 좋다
- □似る : 닮다
- □最初 : 처음

もんだい3

れい　정답：1　　🔊 N4_1_22

友だちに借りた本にアイスクリームを落としてしまいました。何と言いますか。

F：1　本を汚してしまって、ごめんね。
　　2　本が汚れそうで、ごめんね。
　　3　本が汚れたみたいで、ごめんね。

1ばん　정답：2　　🔊 N4_1_23

車を運転しています。先生が駅まで行きたいと言っています。何と言いますか。

M：1　駅まで送りませんか。
　　2　駅まで送りましょうか。
　　3　駅まで送られますか。

～ましょうか：[提案（제안）] 을 말할 때 사용

2ばん　정답：1　　🔊 N4_1_24

友だちのノートをコピーしたいです。何と言いますか。

M：1　コピーさせてもらえない？
　　2　コピーしてあげたら？
　　3　コピーしてくれてありがとう。

～させてもらえない？＝～してもいい？
～해줄 수 있어？＝～해도 좋아？

3ばん　정답：2　　🔊 N4_1_25

バスに乗っています。友だちが気持ちが悪いと言っています。何と言いますか。

F：1　バスに乗らないほうがいいよ。
　　2　次のバス停で、バスを降りよう。
　　3　急がないとバスに間に合わないよ。

降りよう：「降りる」의 [意向形（의향형）]

 1　～ないほうがいい：[アドバイスや意見（조언이나 의견）] 를 말할 때 사용.
「バスに乗らないほうがいい（버스를 타지 않는 것이 좋다）」라고 말한다면 버스에 타기 전.

⭐ 암기하자!
□ 気持ちが悪い：기분이 나쁘다

4ばん　정답：3　　🔊 N4_1_26

寒いので、まどを閉めたいです。何と言いますか。

F：1　まどを閉めなければいけませんか。
　　2　まどを閉めたらどうですか。
　　3　まどを閉めてもいいですか。

～てもいいですか：허가를 구하는 표현

5ばん　정답 : 1　　🔊 N4_1_27

> アルバイトが終わりました。これから帰ります。何と言いますか。
>
> M： 1　お先に失礼します。
> 　　 2　おかえりなさい。
> 　　 3　いらっしゃいませ。

お先に失礼します : 회사 등에서 다른 사람보다 빨리 집에 갈 때 하는 인사말

もんだい4

れい　정답 : 1　　N4_1_29

> M：おみやげのお菓子です。ひとつどうぞ。
>
> F： 1　わあ、いただきます。
> 　　 2　いえ、どういたしまして。
> 　　 3　たくさん食べてくださいね。

1ばん　정답 : 1　　🔊 N4_1_30

> F：今度の日曜日に、海に行かない?
>
> M： 1　いいね、行こう。
> 　　 2　ぼくは何回も行ったことがあるよ。
> 　　 3　早く行きなさい。

2ばん　정답 : 2　　🔊 N4_1_31

> F：田中くんの家から学校までどのくらいかかるの?
>
> M： 1　学校までバスで通っているよ。
> 　　 2　だいたい30分くらいかな。
> 　　 3　ぼくの家より学校のほうがずっと大きいよ。

どのくらいかかるの? : 얼마나 걸려?

📖 1　通う : 다니다

3ばん　정답 : 3　　🔊 N4_1_32

> F：どうしたの?なんか元気がないみたいだけど。
>
> M： 1　だれも知らないと思う。
> 　　 2　薬を飲んだほうがいいよ。
> 　　 3　朝からずっと頭が痛くて…。

元気がない : 기운이 없다

～みたい : ～처럼 보이다

4ばん　정답 : 1　　🔊 N4_1_33

> M：すみません、このお店はいつが休みですか。
>
> F： 1　月曜日です。
> 　　 2　薬のお店です。
> 　　 3　いつか会いましょうね。

いつ : 시간을 묻는 표현

5ばん　정답：3　🔊 N4_1_34

M: きれいな写真ですね。どこで撮ったんですか。
F: 1. 私が撮りました。
　　2. カメラで撮りました。
　　3. 海で撮りました。

どこ：장소를 묻는 표현

6ばん　정답：3　🔊 N4_1_35

M: 先生に相談してみたら？
F: 1. はい、相談すればよかったです。
　　2. はい、聞いてあげたほうがいいですね。
　　3. はい、そうすることにします。

そうすることにします＝そうします

7ばん　정답：2　🔊 N4_1_36

F: あのう、ちょっとお聞きしたいんですが。
M: 1. それは失礼ですよ。
　　2. はい、どうしましたか。
　　3. ご注意ください。

どうしましたか：상대가 무엇을 상담해 왔을 때 말하는 어구

8ばん　정답：1　🔊 N4_1_37

F: このレポート、どうしたらもっとわかりやすくなるだろう。
M: 1　写真やイラストを入れたらどうですか。
　　2　字を大きくしなくてもいいですよ。
　　3　レポートの書き方を練習することにします。

このレポート、どうしたらもっとわかりやすくなるだろう。：이 리포트, 어떻게하면 더 알기 쉽게 만들 수 있을까?

제2회 해답·해설

정답	058
채점표와 분석	061
해답·해설	
언어지식 (문자·어휘)	062
언어지식 (문법)	065
독해	067
청해	072

N4 げんごちしき (もじ・ごい) 第2回

もんだい1

問題	答え
1	3
2	3
3	2
4	4
5	3
6	1
7	1
8	4
9	4

もんだい2

問題	答え
10	3
11	2
12	4
13	4
14	3
15	1

もんだい3

問題	答え
16	3
17	3
18	2
19	3
20	4
21	1
22	1
23	1
24	3
25	1

もんだい4

問題	答え
26	1
27	2
28	2
29	3
30	4

もんだい5

問題	答え
31	2
32	4
33	2
34	3
35	1

N4 げんごちしき (ぶんぽう・どっかい) 第2回

もんだい1

	1	2	3	4
1	●	②	③	④
2	①	●	③	④
3	①	●	③	④
4	①	②	③	●
5	①	②	●	④
6	①	●	③	④
7	①	②	③	●
8	①	②	●	④
9	①	②	③	●
10	①	②	●	④
11	①	②	●	④
12	●	②	③	④
13	①	②	③	●
14	①	②	●	④
15	①	②	●	④

もんだい2

	1	2	3	4
16	●	②	③	④
17	①	●	③	④
18	①	②	③	●
19	①	②	●	④
20	●	②	③	④

もんだい3

	1	2	3	4
21	①	②	●	④
22	①	②	③	●
23	①	●	③	④
24	①	②	③	●
25	①	●	③	④

もんだい4

	1	2	3	4
26	①	②	●	④
27	①	②	③	●
28	①	②	③	●
29	①	●	③	④

もんだい5

	1	2	3	4
30	①	②	③	●
31	①	②	③	●
32	①	●	③	④
33	①	②	③	●

もんだい6

	1	2	3	4
34	●	②	③	④
35	①	●	③	④

N4 ちょうかい 第2回

じゅけんばんごう Examinee Registration Number

なまえ Name

〈ちゅうい Notes〉
1. くろいえんぴつ (HB、No.2) でかいてください。
   Use a black medium soft (HB or No.2) pencil.
   (ペンやボールペンではかかないでください。)
   (Do not use any kind of pen.)
2. かきなおすときは、けしゴムできれいにけしてください。
   Erase any unintended marks completely.
3. きたなくしたり、おったりしないでください。
   Do not soil or bend this sheet.
4. マークれい Marking Examples

よいれい Correct Example	わるいれい Incorrect Examples
●	⊘ ⊙ ◯ ◉ ⦵ ⊗

もんだい1

れい	①	②	●	④
1	●	②	③	④
2	①	●	③	④
3	①	●	③	④
4	①	②	●	④
5	①	②	●	④
6	①	●	③	④
7	①	②	●	④
8	①	●	③	④

もんだい2

れい	①	②	●	④
1	①	●	③	④
2	①	②	●	④
3	①	②	●	④
4	①	②	●	④
5	①	●	③	④
6	①	●	③	④
7	①	②	●	④

もんだい3

	①	②	③
れい	●	②	③
1	●	②	③
2	①	②	●
3	①	●	③
4	①	●	③
5	①	②	●

もんだい4

	①	②	③
れい	●	②	③
1	①	●	③
2	①	●	③
3	①	②	●
4	①	②	●
5	①	②	●
6	①	②	●
7	①	②	●
8	①	②	●

제2회 채점표와 분석

		배점	정답수	점수
문자·어휘	문제1	1점×9문제	/9	/9
	문제2	1점×6문제	/6	/6
	문제3	1점×10문제	/10	/10
	문제4	1점×5문제	/5	/5
	문제5	1점×5문제	/5	/5
문법	문제1	1점×15문제	/15	/15
	문제2	2점×5문제	/5	/10
	문제3	2점×5문제	/5	/10
독해	문제4	5점×4문제	/4	/20
	문제5	5점×4문제	/4	/20
	문제6	5점×2문제	/2	/10
	합계	120점		/120

		배점	정답수	점수
청해	문제1	3점×8문제	/8	/24
	문제2	2점×7문제	/7	/14
	문제3	3점×5문제	/5	/15
	문제4	1점×8문제	/8	/8
	합계	61점		/61

60점이 되도록 계산하여 봅시다.

☐ 점 ÷ 61 × 60 = ☐ 점

※이 채점표의 득점은 아스크출판편집부가 문제의 난이도를 판단하여 배점했습니다.

언어지식 (문자・어휘)

◆ 문자・어휘

※ 해설은 유사표현을 많이 알 수 있도록 알기 쉬운 일본어와 한국어를 병용하였습니다.

もんだい1

1 정답 : 3 うわぎ
上着 : 외투

2 정답 : 3 つよく
強い : 강하다
  1 高い : 높다
  2 低い : 낮다
  4 弱い : 약하다

3 정답 : 2 きって
切手 : 우표
  3 切符 : 표

4 정답 : 4 ちず
地図 : 지도

5 정답 : 3 はしって
走る : 달리다
  2 歩く : 걷다
  4 登る : 오르다

6 정답 : 1 や
～屋 : ～가게

7 정답 : 1 おと
音 : 소리
  2 声 : 목소리
  3 歌 : 노래
  4 曲 : 곡

8 정답 : 4 ようじ
用事 : 용건/용무

  1 仕事 : 일/업무
  3 様子 : 상태/모양

9 정답 : 1 いけん
意見 : 의견
  2 意味 : 의미
  3 意思 : 의사
  4 以上 : 이상

もんだい2

10 정답 : 3 習い
習う : 익히다/배우다
  4 学ぶ : 배우다

11 정답 : 1 理由
理由 : 이유
  2 自由 : 자유
  4 事由 : 사유

12 정답 : 4 発音
発音 : 발음

13 정답 : 4 中止
中止 : 중지

14 정답 : 3 鳥
鳥 : 새
  1 ～書 : ～서
  2 島 : 섬

15 정답 : 1 時計
時計 : 시계

もんだい3

16 정답 : 3 あつまって
集まる : 모이다

1 泊まる : 묵다/숙박하다
2 決まる : 정해지다
4 集める : 모으다

17 정답 : 3 よしゅう
予習 : 예습
1 予定 : 예정
2 予約 : 예약
4 約束 : 약속

18 정답 : 1 ていねい
ていねい : 정중
2 普通 : 보통
3 急 : 갑자기
4 ゆっくり : 천천히

19 정답 : 3 しょうせつ
小説 (소설) を読む
1 映画 (영화) を見る
2 テレビ (TV) を見る
4 ゲーム (게임) をやる

20 정답 : 1 だれも
だれも…ない : 아무도…없다
2 だれか : 누군가
3 だれの : 누구의
4 だれと : 누구와

21 정답 : 4 そだてて
育てる : 기르다
1 呼ぶ : 부르다
2 生む : 낳다
3 遊ぶ : 놀다

22 정답 : 2 ようい
用意 : 준비
1 試合 : 시합

3 用事 : 용건/용무
4 紹介 : 소개

23 정답 : 2 いれた
いれる : 넣다 (여기서는 타다)

1 する : 하다
3 建てる : 짓다
4 焼く : 굽다

24 정답 : 3 べつ
別 : 따로

1 とき : 때
2 いい : 좋다
4 いつ : 언제

25 정답 : 2 いつか
いつか : 언젠가
1 いつ : 언제
3 いつでも : 언제라도
4 いつごろ : 언제쯤

もんだい4

26 정답 : 4 りんごより いちごの ほうが すきです。
～ほど…ない : ~정도는…아니다

27 정답 : 1 わたしは びょういんで はたらいて います。
(に) つとめる : (에) 근무하다
(で) 働く : (에서) 일하다

2 (に) 通う : (에)다니다
3 待つ : 기다리다
4 (に) 向かう : (로)향하다

28 정답 : 1 この えの しゃしんを とりたい です。
(私に) 撮らせてください ＝ (私が) 撮りたい
(あなたに) 撮ってもらいたい ＝ (あなたに) 撮ってほしい

29 정답：2 これを 見ますか。
※「ごらんになる」는「見る」의 정중한 표현
- 1 聞く→お聞きになる
- 3 食べる→召し上がる
- 4 飲む→召し上がる

30 정답：4 しゅくだいを して います。
~ているところ：~하고 있는 중
- 1 終わる：끝나다
- 2 必ず：반드시
- 3 いまから：지금부터

もんだい5

31 정답：2 となりの へやから こえが 聞こえます。
聞こえる：들리다
- 3 私の話を聞いてください。
- 4 一緒にラジオを聞きましょう。
  聞く：듣다

32 정답：1 あした おたくに うかがっても いいですか。
お宅：댁
- 2 私の家はとてもきれいです。
  家：집
- 4 新しいお部屋を探しています。
  お部屋：방

33 정답：1 でんしゃの 中で さわがないで ください。
さわぐ：떠들다
- 2 デパートでシャツを探しています。
  探す：찾다
- 3 このポスターをかべに貼ってください。
  貼る：붙이다
- 4 このビルは10年前に建てられました。
  建てる：짓다

34 정답：4 ぼくは かのじょと こうえんで デートを しました。
デート：데이트

35 정답：2 兄は どうぶつの せわを するのが すきです。
世話：보살핌
- 1 わからなかったので、もう一度説明をしてください。
  説明：설명

언어지식 (문법) · 독해

◆ 문법

もんだい1

1 정답 : 2 出かける
動詞辞書形（동사사전형）＋ことがある : 가끔 일어나는 일
れい　宿題をするのを忘れることがある。
🖊 4 ～たことがある : 과거에 일어난 일이나 경험
れい　私はアメリカに行ったことがある。

2 정답 : 1 いただきました
「～ていただく」는「～てもらう」의 정중한 표현.
れい　先生にレポートの書き方を教えていただきました。

3 정답 : 1 でも
～でも : [極端な例 (극단적인 예)] 를 든다.
れい　このビールはアルコールがないから、子どもでも飲めます。

4 정답 : 4 に
～にしましょう／しよう : 제안
れい　今日の晩ごはんはギョウザにしましょう。

5 정답 : 4 たがる
～たがる : 자신 이외의 사람이 하고 싶은 것을 나타낸다. ～하고 싶어한다
れい　行きたがる　買いたがる
🖊 2 ～てほしい＝～てもらいたい
れい　手作りのお菓子を妹に食べてほしい。
　　　（＝手作りのお菓子を妹に食べてもらいたい。）

6 정답 : 3 ように
動詞可能形（동사가능형）＋ように : 상태가 좋아지는 것을 목표로 무언가를 하다
れい　一人でも海外で生活できるように、がんばって英語を勉強しています。
🖊 1 動詞辞書形（동사사전형）＋ために : 자신의 의지로 무언가를 하다
れい　やせるために、晩ごはんを食べないことにしました。

7 정답 : 4 あとで
～あとで : ～후에
れい　電気を消したあとで、出かけます。
🖊 3 ～まえに : ～전에
れい　ごはんを食べるまえに、手を洗います。

8 정답 : 4 かぶった
～たまま : 상태가 계속되고 있는 것. ～채로
れい　ドアを開けたまま、出かけてしまいました。

9 정답 : 2 おいて
～ておく : 어떤 목적을 위해 미리 무언가를 해 두다.
れい　明日の会議で使う資料をコピーしておく。

10 정답 : 4 食べないで
～ないで : 상태가 변하지 않은 채로 다음 것을 하다. ～않으면서
れい　夏休みに宿題をしないで毎日遊んでいて、父におこられた。

11 정답 : 1 はじまっていました
～ていた : 말할 때 그 동작이 이미 끝나 있는 것을 나타낸다
れい　会場に着いたら、コンサートが終わっていました。

12 정답 : 1 おこらせました
「おこらせる」는 「おこる」의 [使役形 (사역형)]

13 정답 : 4 もらえませんか
～てもらえませんか：～해주실 수 있나요?
れい　すみません、写真を撮ってもらえませんか。
□ 貸す：빌려주다
□ 返す：되돌려주다

14 정답 : 3 も
助数詞 (조수사) ＋も：많은 것을 강조할 때 사용한다
れい　姉は甘いものが大好きで、昨日ケーキを5つも食べた。
□ とうとう：드디어/마침내

15 정답 : 2 勉強させています
「させる」는 「する」의 사역형

もんだい2

16 정답 : 2
実は、4彼女 1に 3別れて 2くれ と言われたんだ。
「～てくれ」는 「～てください」의 명령형

17 정답 : 1
今日は 4さむい 2から 1手ぶくろを 3したら どうですか。
～たらどうですか：상대에게 조언을 할 때의 표현

18 정답 : 3
ここでタバコを 2吸っては 1いけない 4という 3ことを 知っていますよね。
～という：[内容 (내용)] 을 나타낸다. ~라는

19 정답 : 4
じゃあ、ちょっと 3部屋 4まで 1見に 2行って きます。
～まで：[이동의 종점] 을 나타낸다. ~까지

20 정답 : 2
日本語を 2たくさん 1話す 4ことができる 3クラス はありますか。
～ことができる：~할 수 있다

もんだい3

21 정답 : 3 は
は：은/는
れい　田中さんは日本人です。

22 정답 : 2 ばかり
～ばかり＝～だけ ~만
れい　彼は肉ばかり食べる。
（＝彼は肉だけ食べる。）

23 정답 : 1 行かなくてもいいです
夏休みがはじまる→学校がお休み→学校に行かなくてもいい
～なくてもいい：~않아도 된다

24 정답 : 4 遊んだり
～たり～たりする：몇 가지의 행위 중에서 예를 든다
れい　京都に行ったとき、紅葉を見たり、日本茶を飲んだりしました。

25 정답 : 2 だから
だから：그러므로/그래서
1　そんなに：그렇게 (까지)
2　たとえば：예를 들면
3　けれども：하지만

◆ 독해

もんだい4

(1) 26 정답 : 3

> 美花へ
>
> 　買い物に行ってきます。冷蔵庫の中に、ぶどうが入っているので、宿題が終わったら食べてください。ぶどうは、おばあちゃんが送ってくれました。あとで、一緒におばあちゃんに電話をかけましょう。
>
> 　　　　　　　　　　　　　　　　　　　　　お母さんより

미카 씨는 학교에서 돌아온 후 3(숙제) →2 (포도를 먹는다)

1　쇼핑을 가는 것은 어머니

4　전화는 어머니가 돌아온 후 건다

(2) 27 정답 : 3

> 　この前、友達と一緒にラーメンを食べに行きました。ラーメンを食べようとしたとき、友達が「ちょっと待って！　まだ食べないで！」と言って、ラーメンの写真をたくさん撮っていました。**友達が写真を撮り終わったときには、温かいラーメンが冷めてしまって、おいしくなくなってしまいました**。最近、ごはんを食べる前に写真を撮る人が増えてきました。私は、料理は一番おいしいときに食べるべきだと思うので、そういうことをしないでほしいと思います。

먹기 전에 사진을 찍으면 음식을 맛있게 먹을 수 없다.

⭐ 암기하자!

☐ 温かい : 따뜻하다
☐ 冷める : 식다
☐ ～べき : ~해야 한다

(3) 28 정답 : 4

【インターネットで買われるお客様へ】
- 送料は200円です。3,000円以上買うと、送料はかかりません。
- 注文してから3日後に商品をお届けできます。
- 注文した次の日にお届けするサービスをご利用される場合は、300円かかります。
- メッセージカードをつける場合は、100円かかります。
- 商品のキャンセルはできません。

셔츠 2,500엔＋배송료 200엔＋빨리 보내주는 서비스 300엔＋메시지 카드 100엔＝3,100엔

암기하자!
- 送料 : 배송료
- ただ : 무료
- 注文〈する〉: 주문〈하다〉
- 商品 : 상품
- 届ける : 보내주다
- サービス : 서비스
- 場合 : 경우
- キャンセル : 취소

(4) 29 정답 : 3

私は、いつも車を運転するとき、歌を歌っています。でも、お母さんは、車を運転するときに歌を歌っていると、事故をおこしてしまうかもしれないから、やめたほうがいいと言っています。**1車の中だったら歌を歌っても、あまりうるさくないし、とても楽しい気持ちになります。でも、3私は事故をおこさないように、気をつけているし、2一度も事故をおこしたことはないので、3大丈夫だと思っています。**

1 자동차 안에서 노래를 부르고 있으면 기분이 좋아진다

3 ○

2 사고를 일으킨 적이 없다

4 노래 부르는 것을 그만두기로 했다고는 말하고 있지 않다

암기하자!
- 運転〈する〉: 운전〈하다〉
- 事故 : 사고
- おこす : 일으키다
- 気をつける : 주의하다

もんだい5

30 정답：4　　**31** 정답：3　　**32** 정답：1　　**33** 정답：4

山田さんの家族と私

アンナ

　先週、私は山田さんの家に遊びに行きました。山田さんの家は、私のアパートから遠いので、電車とバスを使わなければなりません。私は、**30電車とバスを使うのが初めてなので、「もし、電車とバスを間違えたらどうしよう」と、とても心配でした**。私が山田さんに①そのことを伝えると、**31山田さんはお父さんに、アパートまで車で迎えに来てくれるようにお願いしてくれました**。山田さんのお父さんは、すぐに「②もちろん、いいよ」と言ってくれました。

　山田さんの家に着くと、山田さんのお母さんと高校生の妹さんが迎えてくれました。私は山田さんの家族に国で買ってきたおみやげを渡して、「一緒に飲みましょう」と言いました。すると、③みんなは少し困った顔をしました。私が買ってきたおみやげは、ワインでした。私の国では、ワインを飲みながら、みんなでごはんを食べます。しかし、**32山田さんのお父さんとお母さんはお酒が飲めないし、山田さんと妹さんは、まだお酒を飲んではいけません**。**33私は「失敗した」と思いました**。おみやげを買うなら、（　　　　）と思いました。でも、山田さんの家族は、めずらしいワインだからうれしいと言ってよろこんでくれました。

　そして、家族みんなで、たこ焼きを作って食べたり、ゲームをしたり、たくさん話をしたりしました。とても楽しい一日でした。

30 처음으로 전철과 버스를 타므로 실수할지도 모른다고 걱정했다

31 야마다 씨의 아버지는 안나 씨를 차로 맞이하러 와주었다

32 야마다 씨의 가족은 와인을 마시지 못한다.
4 술을 마시면 안되는 것은 야마다 씨와 여동생뿐이다

33 술을 마실 수 있는지를 묻지 않고 와인을 사버렸기 때문에 「失敗した」라고 생각했다

⭐ 암기하자!

- □ 間違える：실수하다/틀리다
- □ 心配：걱정
- □ 伝える：전달하다
- □ 迎える：맞이하다/마중하다
- □ もちろん：물론/당연히
- □ 困る：곤란하다
- □ 失敗：실패
- □ めずらしい：드물다

もんだい6

34 정답：2　　**35** 정답：1

あおぞら大学図書館のご利用について

● 利用できる人

　あおぞら大学の大学生・留学生・先生

　あおぞら市内にあるさくら大学・うみの大学の大学生・留学生・先生

● 利用時間

　月曜日～金曜日　8：30～20：00

　土曜日　　　　　9：00～17：00

● 利用方法

　あおぞら大学の大学生・留学生・先生が図書館を利用するときは、大学からもらった利用カードを使ってください。

　34 あおぞら大学ではない大学の大学生・留学生・先生が、初めて図書館を利用するときは、受付で利用カードを作ってください。

● 借りるとき

　借りたい本やCDなどと利用カードを一緒に受付に出してください。

　本は2週間借りることができます。

　CD、DVDは1週間借りることができます。

● 返すとき

　返す本やCDなどを受付に返してください。

　図書館が閉まっているときは、入口の前にある返却ボックスに入れてください。

　35 CD、DVDは返却ボックスに入れないで、必ず受付に返してください。

---

34 리 씨는 아오조라 대학의 유학생이 아니므로 처음으로 도서관에 갈 때는 우선 접수처에서 이용카드를 만들어야 한다

35 CD는 접수처에 돌려 주어야 한다. 도서관은 일요일이 쉬는 날이므로 다른 날에 돌려 주어야 한다

● 注意

本をコピーするときは、コピー申込書を書いて、受付に出してください。

図書館の本を汚したり、なくしたりした場合は、必ず図書館に連絡してください。

あおぞら大学図書館

암기하자!
☐ 市内：시내
☐ 返却：반환
☐ 注意：주의
☐ 申込書：신청서
☐ 汚す：더럽히다
☐ 連絡〈する〉：연락〈하다〉

청해

もんだい1

れい　정답：4　　　　　　　　　　　　🔊 N4_2_03

女の人と男の人が電話で話しています。女の人はこのあとまず何をしますか。

F：もしもし。今、駅前の郵便局の前にいるんだけど、ここからどうやって行けばいいかな？

M：郵便局か。そこから大きな茶色いビルは見える？

F：うん、見えるよ。

M：信号を渡って、そのビルの方へ歩いてきて。ビルの横の道を2分くらい歩くとコンビニがあるから、その前で待っていて。そこまで迎えに行くよ。

F：うん、わかった。ありがとう。

M：うん、じゃあまたあとで。

女の人はこのあとまず何をしますか。

1ばん　정답：2　　　　　　　　　　　　🔊 N4_2_04

病院で女の人と医者が話しています。女の人は、何をしてはいけませんか。

F：先生、今日は仕事に行ってもいいでしょうか。

M：**1仕事は、まあ、いいでしょう。** 会社まではどうやって行きますか。　— 1　일을 해도 된다

F：自転車です。

M：**3まだ怪我が治っていないので、タクシーを使ったほうがいいでしょう。2怪我が治ったら、自転車に乗ってもいいですが、治るまではやめてください。**

— 3　부상이 낫기 전에는 택시를 이용한다

— 2　부상이 낫기 전에는 자전거를 타면 안된다 ○

F：あのう、お風呂は？

M：**4お風呂はいつも通りでいいですよ。**　— 4　목욕을 해도 된다

F : わかりました。ありがとうございました。

M : おだいじに。

女の人は、何をしてはいけませんか。

기하자!

□ どうやって : 어떻게
□ 怪我 : 부상
□ 治る : 낫다
□ いつも通り : 언제나처럼
□ おだいじに : 몸조리 잘하세요

2ばん　정답 : 2　　　N4_2_05

お店の人と、男の人が話しています。男の人はいくら払いますか。

F : いらっしゃいませ。この棚にあるネクタイは3本で1,000円です。

M : へえ、安いですね。このネクタイも3本1,000円で買えますか。

F : いえ、こちらのネクタイは1本2,000円です。ですが、もう一つ2,000円のネクタイを買うと、50%お安くなります。

M : え、**ということは、ネクタイが1本無料になるということですか?**

F : はい。とてもお得ですよ。

M : じゃあ、これください。

男の人はいくら払いますか。

1本無料になる＝2本で2,000円

암기하자!

□ 払う : 지불하다
□ 無料 : 무료
□ お得 : 이득

3ばん　정답 : 4

女の人と男の人が話しています。女の人は、今からどこに行きますか。

F: 財布にお金が入っていないから、郵便局に行ってくるね。

M: ATM行くんだろう？ ほら、あそこに銀行があるでしょ？ そこに行けば？

F: そうね。あれ？「本日はメンテナンスのため、ATMがご利用できません」って書いてある。もう、ついてないな。

M: でも郵便局は遠すぎるよ。コンビニのほうがいいと思うよ。

F: 私、コンビニのATMを使ったことがないから、よくわからないよ。

M: 使い方は簡単だよ。郵便局のATMと同じだよ。

F: あ、大変！カードを家に忘れちゃった。取りに行かなきゃ。 ― 카드가 없으면 ATM을 사용할 수 없으므로 우선 카드를 가지러 집에 간다.

M: 仕方ないな。じゃあ、ここで待ってるよ。

女の人は、今からどこに行きますか。

암기하자!
- □メンテナンス : 유지/보수
- □利用〈する〉: 이용〈하다〉
- □ついていない : 운이 없다
- □簡単 : 간단
- □仕方ない : 어쩔 수 없다

4ばん　정답 : 3

学校で先生が話しています。学生は何を持っていかなければなりませんか。

M: みなさん、明日はパン工場に見学に行きます。明日は、電車に乗って行きますから、時間に遅れないようにしてください。ア**電車代は学校が払いますから、お金は必要ありません**。工場に着いたら、工場の人からお話を聞きます。そしてお昼は、できたばかりのパンを食べさせてくださるそうです。パンをいただくので、イ**お弁当はいりませんが、ウお茶は用意してください**。エ**工場見学ですから教科書は持ってこなくてもいいですが**、オ**今日の宿題は忘れずに持ってきてください**ね。

- ア 돈을 가지고 가지 않아도 된다
- イ 도시락을 가지고 가지 않아도 된다
- エ 교과서를 가지고 가지 않아도 된다
- ウ 차를 가지고 간다
- オ 숙제를 가지고 간다

学生は何を持っていかなければなりませんか。

★암기하자!
- □工場 : 공장
- □見学 : 견학
- □遅れる : 늦다
- □電車代 : 전철요금
- □払う : 지불하다
- □必要 : 필요
- □用意〈する〉: 준비〈하다〉
- □忘れる : 잊다

5ばん　정답 : 3　　　　　　　　　　🔊 N4_2_08

会社で女の人と男の人が話しています。女の人はどこにパソコンを置きますか。

F : 部長、新しいパソコンが届きました。

M : じゃあ、棚のところに置いといてくれるかな？

F : 棚はほかの荷物でいっぱいで、どこにも置く場所がないですね…。

M : それはぼくが使うつもりだから、ぼくの机の下に置いといて。

F : 机の下だと汚れちゃいますね。棚のとなりにあるテーブルの上に何も置いていないから、そこに置きましょうか。

M : うーん、**すぐ使うから、ぼくの机の上でいいよ。**

F : はい、わかりました。

女の人はどこにパソコンを置きますか。

> 컴퓨터를 책상 위에 둔다.
> 机の上でいいよ = 机の上に置いてください

★암기하자!
- □届く : 닿다
- □棚 : 선반
- □いっぱい : 가득
- □〜つもり : 〜할 예정
- □汚れる : 더럽혀지다

6ばん　정답：3　　　N4_2_09

男の人が話しています。朝ごはんを食べたい人は何時にレストランに行きますか。

M：ホテルについてご説明いたします。ホテルには温泉がございます。**1温泉は朝5時から夜11時までご利用いただけますが、2昼2時から4時までは、掃除をする時間なので入ることはできません。**お食事は2階のレストランで召し上がってください。**3朝は6時から10時まで、4夜は4時から10時まで**です。お昼はやっておりませんので、ご注意ください。

朝ごはんを食べたい人は何時にレストランに行きますか。

1 오전 5시~밤 11시: 온천에 들어갈 수 있는 시간
2 오후 2시~오후 4시: 온천을 청소하는 시간
3 오전 6시~오전 10시: 아침 식사 시간
4 오후 4시~밤 10시: 저녁 식사 시간

★ 암기하자!
☐ 説明〈する〉: 설명〈하다〉
☐ 利用〈する〉: 이용〈하다〉
☐ 掃除〈する〉: 청소〈하다〉
☐ 召し上がる: 드시다
☐ 注意〈する〉: 주의〈하다〉

7ばん　정답：4　　　N4_2_10

会社で女の人と男の人が話しています。男の人は、だれを手伝いますか。

F：今日は山本さんがお休みだから、片付けを手伝ってほしいんだけど。石田くん、今、お願いできる？

M：すみません、今ちょうど、社長から電話がかかってきて、これから出かけるんです。

F：そうか。じゃあ、片付けは林くんに手伝ってもらう。

M：すみません。**3時ごろに戻るので、そのあとなら時間があります。**

F：そう？　じゃあ、**午後、大野さんが荷物をたくさん送るって言っ**ていたから、それを一緒にやってもらっていい？

M：わかりました。では、行ってきます。

男の人は、だれを手伝いますか。

3시에 돌아온 후 오노 씨와 함께 짐을 보낸다.
~てもらっていい？＝~てもらえますか？

암기하자!

- 手伝う : 돕다
- ～てほしい : ~하길 원하다
- 今ちょうど : 지금 막
- 戻る : 되돌아오다

8ばん 정답 : 2　　　　　　　N4_2_11

天気予報を見て、女の人と男の人が話しています。女の人は、これからどこへ行きますか。

F：今日は久しぶりに晴れたね。
M：天気予報では午後から雨って言ってるけど。
F：本当に？ これから買い物に行こうと思ってたんだけど、雨が降るならやめようかな。
M：買い物なら、建物の中だから、雨が降っても大丈夫じゃない？
F：うーん、買ったものがぬれるといやだから、**1ネットで買うことにするよ。2晴れているうちに、自転車を直しに行ってくるよ。**壊れちゃったんだよね。
M：あ、あの図書館のとなりの店？
F：うん、じゃあ行ってきます。

女の人は、これからどこへ行きますか。

1 쇼핑은 백화점 등이 아닌 인터넷으로 하기로 했다.

2 오후부터 비가 내리므로 비가 오기 전에 자전거를 고치러 간다.
～うちに : ~하는 중에

암기하자!

- 久しぶりに : 오랜만에
- 晴れる : (날이) 개다
- 建物 : 건물
- ぬれる : 젖다
- 直す : 고치다
- 壊れる : 고장나다

もんだい2

れい　정답：4　　　　　　　　　　　　🔊 N4_2_13

女の人と男の人が話しています。女の人は、結婚式で何を着ますか。

F：明日の友だちの結婚式、楽しみだな。

M：そうだね。何を着るか決めたの？

F：本当は着物を着たいんだけど、一人じゃ着られないし、動きにくいんだよね。

M：そうだね。

F：それで、このピンクのドレスにしようと思ってるんだけど、どうかな。

M：うーん、これだけだと寒いと思うよ。

F：そうかな。じゃあ、この黒いドレスはどう？　これは寒くないよね。

M：そうだけど、短すぎない？

F：そう？　短いほうがおしゃれでしょう。決めた。これにする。

女の人は、結婚式で何を着ますか。

1ばん　정답：1　　　　　　　　　　　　🔊 N4_2_14

公園で、男の人と女の人が話しています。子どものとき、男の人は何をして遊んでいましたか。

M：なつかしいな。子どものとき、よくこの公園で遊んだものだよ。

F：何して遊んでたの？

M：**毎日のように友だちと野球していたな**。今は、野球やサッカーはしちゃいけないみたいだけど。

F：ボールが飛んできたら危ないもんね。

M：でもバスケットボールはやってもいいんだって。

F：へえ、そうなんだ。

> 毎日のように：매일 같이

M：最近、公園に池ができて、魚つりができるようになったんだよ。いつか子どもができたら、この公園で一緒に遊びたいな。

子どものとき、男の人は何をして遊んでいましたか。

★암기하자!

☐なつかしい：그립다
☐野球：야구
☐サッカー：축구
☐ボール：볼/공
☐バスケットボール：농구
☐魚つり：낚시

2ばん　정답：4　　　　　　　　　N4_2_15

会社で女の人が社長の一週間のスケジュールについて話しています。社長が空港に行くのは何曜日ですか。

F：社長、今週一週間のスケジュールを確認します。月曜日は一日ずっと会議があります。火曜日と水曜日は大阪出張です。大阪行きの新幹線はもう予約してあります。木曜日の午前中は、テレビのインタビュー、午後からホテルでパーティーがあります。**金曜日はアメリカからお客様がいらっしゃいます。空港でお客様をお迎えして**、会議をしたあと、日本料理のレストランでお食事をします。

社長が空港に行くのは何曜日ですか。

금요일은 미국 손님을 맞이하러 공항에 간다.

월요일은 하루 종일 회의를 한다. 수요일은 신칸센으로 오사카 출장. 목요일은 인터뷰와 파티.

★암기하자!

☐スケジュール：스케줄
☐確認〈する〉：확인〈하다〉
☐ずっと：계속
☐出張：출장
☐～行き：～행
☐予約〈する〉：예약〈하다〉
☐インタビュー：인터뷰
☐迎える：맞이하다/마중하다
☐食事：식사

3ばん　정답 : 1　　🔊 N4_2_16

女の人と男の人が話しています。二人はレストランまでどうやって行きますか。

F：ねえ、このレストラン、駐車場がないから、車で来ないでくださいって。

M：じゃあ、電車で行く？

F：うーん。でも駅からレストランまでけっこう遠いんだよ。歩いて20分くらいかかるみたい。

M：どうする？　タクシーで行く？

F：あ、でもレストランの近くに駐車場があるみたい。

M：本当だ。**車を1時間止めたら、300円払わないといけないけど、しかたない**。

二人はレストランまでどうやって行きますか。

― 돈을 내야하지만 레스토랑 근처 주차장에 차를 세우기로 하였다.

しかたない : 어쩔 수 없다

암기하자!
- □ どうやって : 어떻게
- □ 駐車場 : 주차장
- □ 止める : 세우다
- □ 払う : 지불하다

4ばん　정답 : 2　　🔊 N4_2_17

ニュースでアナウンサーが話しています。どうして運転手は事故を起こしてしまいましたか。

M：夜10時ごろ、コンビニの前で車と人がぶつかる事故がありました。この道は、いつもは車が多いですが、**1この時間は車はほとんど走っていませんでした**。事故を起こした運転手は、**2いきなり人が道路に飛び出してきて、ぶつかった**と言っています。車にぶつかった人は、「コンビニに行くために道を渡ろうとした。**3携帯電話を見ていたので、4車に気がつかなかった**」と言っています。

どうして運転手は事故を起こしてしまいましたか。

1　차가 거의 없었다
2　○
3　휴대전화를 보고 있던 것은 운전자가 아니다
4　차를 눈치채지 못한 것은 운전자가 아니다

암기하자!

- □ アナウンサー : 아나운서
- □ 運転手 : 운전수
- □ ぶつかる : 부딪치다
- □ いきなり : 갑자기
- □ 道路 : 도로
- □ 飛び出す : 뛰어나오다
- □ (に) 気がつく／気づく : (에／를) 눈치채다

5ばん　정답 : 3　　　N4_2_18

学校で女の人と男の人が話しています。男の人はどれくらい英語を勉強していますか。

F : 木村くん、最近すごく英語が上手になったね。先生がすごくほめていたよ。

M : ありがとう。最近英語レッスンに通い始めたんだ。

F : そうなんだ。毎日？

M : ううん、**毎週月曜日と水曜日の2回だけだよ。** ── 월요일, 수요일 : 영어 레슨

F : それだけで、英語が上手になるの？　私も英語レッスンに通おうかな。

M : あと、**毎週金曜日に留学生と英語を使って話をするレッスンがあるんだ。** そのレッスンに行くと、すごく勉強になるよ。今度一緒に行ってみない？　楽しいよ。 ── 금요일 : 유학생과 영어를 사용하여 이야기하는 레슨

F : 本当？　ぜひ行ってみたい。

男の人はどれくらい英語を勉強していますか。

암기하자!

- □ ほめる : 칭찬하다
- □ レッスン : 레슨
- □ 通う : 다니다
- □ ぜひ : 부디／꼭

6ばん　정답 : 3　　　N4_2_19

男の人と女の人が話しています。だれが車を運転しますか。

M: 今日は暑いなあ。ビールでも飲みに行こうよ。料理もビールも
　　おいしいお店があるんだ。

F: お店までどうやって行くの?

M: 車で行くのが一番いいと思うよ。

F: 待って。車を運転するときは、お酒は飲んじゃいけないから、
　　車で行くのはやめましょう。

M: それもそうだね。じゃあ、今日はやめておく?

F: でも、お店でおいしいごはんが食べたいな。私は今夜、飲まな
　　いことにするから、行きましょう。

M: ありがとう。**行くときはぼくが運転するから、帰りは君に運転を
　　お願いするよ。**

だれが車を運転しますか。

남성은 술을 마시므로 돌아갈 때는 운전할 수 없다. 그러므로 돌아갈 때는 술을 마시지 않는 여성이 운전한다.

암기하자!

- □ 運転〈する〉: 운전〈하다〉
- □ どうやって: 어떻게
- □ やめる: 그만두다
- □ 今夜: 오늘 밤
- □ ぼく: 저
- □ 帰り: 돌아감 / 귀가
- □ 君: 당신

7ばん　정답：2　　　　　　　🔊 N4_2_20

電話で女の人と男の人が話しています。男の人は今どこにいますか。

F：もしもし？　私、今駅に着いたんだけど、もう着いている？

M：ごめんごめん、**実はまだ家でさ…**。　── 아직 집에 있다

F：え？　どうして？　もしかして寝坊したの？

M：違うよ。朝友だちから電話がかかってきて、急にお腹が痛くなったから、病院に一緒に行ってくれないかって頼まれたんだ。急いで友だちの家に行って、それから友だちを病院に連れていって、

さっき帰ってきたところ。

F：え、それで友だちは大丈夫だったの？

M：病院に行ったから、もう大丈夫だよ。今から急いでそっちに行くね。

男の人は今どこにいますか。

기하자!

□寝坊〈する〉：늦잠〈자다〉
□急に：갑자기
□急ぐ：서두르다
□連れていく：데리고 가다

もんだい3

れい　정답：1　　🔊 N4_2_22

友だちに借りた本にアイスクリームを落としてしまいました。何と言いますか。

F：1　本を汚してしまって、ごめんね。
　　2　本が汚れそうで、ごめんね。
　　3　本が汚れたみたいで、ごめんね。

1ばん　정답：1　　🔊 N4_2_23

家に荷物を忘れてしまいました。荷物を家に取りに帰ります。何と言いますか。

M：1　今から取ってきます。
　　2　今から取っておきます。
　　3　今から取ってしまいます。

取ってくる＝가지러 갔다가 되돌아 오다

2ばん　정답：3　　🔊 N4_2_24

子どもがたくさんお菓子を食べています。歯が痛いと言っています。何と言いますか。

F：1　歯が痛くなるはずがないよ。
　　2　お菓子を食べてもかまわないよ。
　　3　お菓子ばかり食べているからだよ。

～ばかり＝～だけ ~만

3ばん　정답：2　　🔊 N4_2_25

顔を洗っています。タオルがありません。何と言いますか。

M：1　タオルです。どうぞ。
　　2　タオル、取ってくれない?
　　3　タオル、使ってみるね。

「～てくれない?」는「～てくれませんか?」의 캐주얼한 표현

4ばん　정답：1　　🔊 N4_2_26

靴が小さくて、はけません。何と言いますか。

M：1　もう少し大きいのはありますか。
　　2　もう少し大きくしましょうか。
　　3　もう少し大きくしてもいいですか。

大きいの＝大きい靴

5ばん　정답：3　　🔊 N4_2_27

お菓子が置いてあります。食べたいです。何と言いますか。

F：1　お菓子を食べたらどうですか。
　　2　とてもおいしいですね。
　　3　食べてもいいですか。

「～てもいいですか」는 그렇게해도 되는지를 물을 때 사용한다.

もんだい4

れい　정답：1　　　　　　　　N4_2_29

M：おみやげのお菓子です。ひとつどうぞ。
F：1　わあ、いただきます。
　　2　いえ、どういたしまして。
　　3　たくさん食べてくださいね。

1ばん　정답：2　　　　　　　　N4_2_30

F：昨日、赤ちゃんが生まれたそうですね。
M：1　おめでとうございます。
　　2　はい、おかげさまで。
　　3　えっ、本当ですか。

おかげさまで：덕분에

2ばん　정답：2　　　　　　　　N4_2_31

F：明日はどこで待ち合わせしようか。
M：1　10時に会いましょう。
　　2　デパートの前はどうですか。
　　3　明日はお母さんと会うつもりです。

どこで→デパートの前で

　1　何時に→10時に
　　　　3　だれと→お母さんと

□待ち合わせ：약속

3ばん　정답：3　　　　　　　　N4_2_32

F：何を召し上がりますか。
M：1　山田太郎と申します。
　　2　教室にいらっしゃいますよ。
　　3　コーヒーとケーキをお願いします。

「召し上がる」는「食べる／飲む」의 정중한 표현

4ばん　정답：1　　　　　　　　N4_2_33

M：お客様、申し訳ありませんが、今日は予約がいっぱいなんです。
F：1　そうですか、残念ですね。
　　2　いっぱいごはんを食べようと思います。
　　3　私が予約をしておきました。

予約がいっぱい＝予約ができない

□いっぱい：가득
□残念：유감

5ばん　정답：3　　　　　　　　N4_2_34

M：今度一緒に遊びに行こうよ。
F：1　一度遊んだことがあるよ。
　　2　遊んだかどうかわからないよ。
　　3　いいね、いつがいいかな？

6ばん　정답：1　　🔊 N4_2_35

M：ここには座らないでください。
F：1　あ、すみません。
　　2　座っても、大丈夫です。
　　3　ううん、気にしないで。

🖊 3　気にしないで：신경쓰지마

7ばん　정답：2　　🔊 N4_2_36

F：この料理はどうやって作るんですか。
M：1　私のお母さんです。
　　2　野菜を切って、玉子と一緒に焼くだけです。
　　3　みんなが好きな料理だからです。

どうやって：어떻게

8ばん　정답：3　　🔊 N4_2_37

M：いつから留学するつもりですか。
F：1　東京の大学に留学しようと思っています。
　　2　日本語が上手になりたいからです。
　　3　来年の春からです。

いつから：언제부터

제3회 해답·해설

정답 ································· 088
채점표와 분석 ······················ 091
해답·해설
    언어지식 (문자·어휘) ············· 092
    언어지식 (문법) ···················· 095
    독해 ··································· 097
    청해 ··································· 102

필승합격 모의고사 해답용지

N4 げんごちしき (もじ・ごい)

第3回

じゅけんばんごう
Examinee Registration Number

なまえ
Name

もんだい1

1	①	②	●	④
2	①	●	③	④
3	①	②	③	●
4	①	②	●	④
5	①	●	③	④
6	①	②	●	④
7	①	②	●	④
8	①	②	③	●
9	①	②	●	④

もんだい2

10	●	②	③	④
11	①	②	●	④
12	①	●	③	④
13	①	②	●	④
14	①	●	③	④
15	①	②	●	④

もんだい3

16	①	●	③	④
17	①	②	③	●
18	①	②	③	●
19	①	②	●	④
20	●	②	③	④
21	①	②	③	●
22	①	②	●	④
23	①	●	③	④
24	①	②	③	●
25	●	②	③	④

もんだい4

26	①	②	●	④
27	●	②	③	④
28	①	②	③	●
29	①	②	③	●
30	①	②	③	●

もんだい5

31	●	②	③	④
32	①	●	③	④
33	①	②	③	●
34	①	●	③	④
35	●	②	③	④

〈ちゅうい Notes〉

1. くろいえんぴつ (HB、No.2) でかいてください。
   Use a black medium soft (HB or No.2) pencil.
   (ペンやボールペンではかかないでください。)
   (Do not use any kind of pen.)
2. かきなおすときは、けしゴムできれいにけしてください。
   Erase any unintended marks completely.
3. きたなくしたり、おったりしないでください。
   Do not soil or bend this sheet.
4. マークれい Marking Examples

よいれい Correct Example	わるいれい Incorrect Examples
●	⊘ ○ ◐ ○ ⦵ ⊙

N4 げんごちしき（ぶんぽう）・どっかい 第3回

もんだい1

	1	2	3	4
1	①	②	●	④
2	①	②	●	④
3	●	②	③	④
4	①	②	●	④
5	●	②	③	④
6	①	●	③	④
7	①	●	③	④
8	①	②	●	④
9	①	②	●	④
10	①	②	●	④
11	①	②	●	④
12	①	②	●	④
13	①	②	●	④
14	①	②	●	④
15	①	②	●	④

もんだい2

	1	2	3	4
16	①	②	●	④
17	①	●	③	④
18	①	●	③	④
19	①	②	●	④
20	●	②	③	④

もんだい3

	1	2	3	4
21	●	②	③	④
22	①	②	③	●
23	①	②	③	●
24	①	●	③	④
25	①	②	●	④

もんだい4

	1	2	3	4
26	①	●	③	④
27	①	●	③	④
28	①	●	③	④
29	①	②	●	④

もんだい5

	1	2	3	4
30	①	●	③	④
31	①	●	③	④
32	①	②	●	④
33	①	●	③	④

もんだい6

	1	2	3	4
34	①	●	③	④
35	①	●	③	④

N4 ちょうかい 第3回

じゅけんばんごう / Examinee Registration Number

なまえ / Name

〈ちゅうい Notes〉

1. くろいえんぴつ (HB、No.2) でかいてください。
   Use a black medium soft (HB or No.2) pencil.
   (ペンやボールペンではかかないでください。)
   (Do not use any kind of pen.)
2. かきなおすときは、けしゴムできれいにけしてください。
   Erase any unintended marks completely.
3. きたなくしたり、おったりしないでください。
   Do not soil or bend this sheet.
4. マークれい Marking Examples

よいれい Correct Example	わるいれい Incorrect Examples
●	○ ⊘ ◎ ⊖ ● ⊘

もんだい1

れい	①	②	●	④
1	①	②	●	④
2	①	②	●	④
3	①	②	③	●
4	①	②	③	●
5	①	②	③	●
6	●	②	③	④
7	①	②	●	④
8	●	②	③	④

もんだい2

れい	①	②	●	④
1	①	②	③	●
2	①	②	③	●
3	①	②	③	●
4	①	②	③	●
5	①	●	③	④
6	●	②	③	④
7	●	②	③	④

もんだい3

	①	②	③
れい	①	②	●
1	①	●	③
2	●	②	③
3	①	●	③
4	●	②	③
5	①	●	③

もんだい4

	①	②	③
れい	①	●	③
1	①	●	③
2	●	②	③
3	①	②	●
4	●	②	③
5	①	●	③
6	●	②	③
7	①	●	③
8	①	②	●

제3회 채점표와 분석

		배점	정답수	점수
문자·어휘	문제1	1점×9문제	/9	/9
	문제2	1점×6문제	/6	/6
	문제3	1점×10문제	/10	/10
	문제4	1점×5문제	/5	/5
	문제5	1점×5문제	/5	/5
문법	문제1	1점×15문제	/15	/15
	문제2	2점×5문제	/5	/10
	문제3	2점×5문제	/5	/10
독해	문제4	5점×4문제	/4	/20
	문제5	5점×4문제	/4	/20
	문제6	5점×2문제	/2	/10
	합계	120점		/120

		배점	정답수	점수
청해	문제1	3점×8문제	/8	/24
	문제2	2점×7문제	/7	/14
	문제3	3점×5문제	/5	/15
	문제4	1점×8문제	/8	/8
	합계	61점		/61

60점이 되도록 계산하여 봅시다.

☐ 점 ÷ 61 × 60 = ☐ 점

※이 채점표의 득점은 아스크출판편집부가 문제의 난이도를 판단하여 배점했습니다.

언어지식 (문자·어휘)

◆ 문자·어휘

※해설은 유사표현을 많이 알 수 있도록 알기 쉬운 일본어와 한국어를 병용하였습니다.

もんだい1

1 정답 : 2 つき
着く : 도착하다
- 1 泣く : 울다
- 3 届く : 닿다/도달하다
- 4 聞く : 듣다

2 정답 : 4 し
死ぬ : 죽다

3 정답 : 4 ぎゅうにく
牛肉 : 소고기
- 1 鶏肉 : 닭고기
- 2 豚肉 : 돼지고기

4 정답 : 2 りょかん
旅館 : 료칸(여관)
- 1 ホテル : 호텔

5 정답 : 1 そら
空 : 하늘
- 2 星 : 별
- 3 月 : 달

6 정답 : 4 た
足りる : 충분하다

7 정답 : 4 しあい
試合 : 시합
- 2 試験 : 시험

8 정답 : 1 すいて
空く : 비다

9 정답 : 3 ふく
服 : 옷
- 1 靴 : 신발
- 4 雨 : 비

もんだい2

10 정답 : 1 広い
広い : 넓다
- 2 長い : 길다
- 3 狭い : 좁다
- 4 細い : 얇다

11 정답 : 2 歌って
歌う : 노래 부르다
- 1 踊る : 춤추다
- 3 笑う : 웃다
- 4 怒る : 화내다

12 정답 : 2 困って
困る : 곤란하다

13 정답 : 2 別れ
別れる : 헤어지다
- 1 集まる : 모이다
- 3 急ぐ : 서두르다
- 4 回る : 돌다

14 정답 : 3 特に
特に : 특히

15 정답 : 2 紹介
紹介 : 소개

 1 招待:초대

もんだい3

16 정답 : 1 むり
無理:무리
　2 上手:잘하다
　3 好き:좋아하다
　4 きらい:싫어하다

17 정답 : 4 におい
匂い:냄새
　1 声:목소리
　2 味:맛
　3 色:색

18 정답 : 2 おくれて
遅れる:늦다
　1 忘れる:잊다
　3 間に合う:시간에 맞추다
　4 参加する:참가하다

19 정답 : 4 びっくり
びっくり:깜짝 놀람
　1 はっきり:확실히/똑똑히
　2 そっくり:전부/꼭 닮다
　3 しっかり:튼튼히

20 정답 : 3 なかなか
なかなか…ない:좀처럼…아니다
　1 少々:조금/잠시
　2 やっと:드디어/마침내
　4 無理に:무리하여

21 정답 : 4 いがい
以外:이외
　1 以内:이내
　2 以下:이하
　3 以上:이상

22 정답 : 2 こうつう
交通:교통
　1 道路:도로
　3 空港:공항
　4 駅:역

23 정답 : 1 じゅんび
準備:준비
　2 連絡:연락
　3 案内:안내
　4 返事:답장

24 정답 : 4 うで
うで:팔
　1 かお:얼굴
　2 のど:목
　3 はな:코

25 정답 : 1 めずらしい
めずらしい:드물다
　2 めったに…ない:좀처럼…아니다
　3 難しい:어렵다
　4 少ない:적다

もんだい4

26 정답 : 2 なまえを　かかなくても　いいです。
必要:필요

27 정답 : 1 この　へやは　さむいですね。
冷える:차가워지다
寒い:춥다
　2 暖かい:따뜻하다
　3 明るい:밝다
　4 暗い:어둡다

28 정답 : 4 わたしは　けっこんして　いません。
独身:독신

29 정답 : 3 きょうしつに たくさん 人が います。
おおぜい＝たくさん : 많은
 1 何人かいる : 몇 명인가 있다
2 だれもいない : 아무도 없다
4 まあまあいる : 조금 있다

30 정답 : 3 おとうとは とても うれしかったです。
よろこぶ＝うれしい : 기쁘다
 1 楽しい : 즐겁다
2 はずかしい : 부끄럽다
4 かなしい : 슬프다

もんだい5

31 정답 : 1 いい てんきだった ので、せんたくものが よく かわきました。
かわく : 마르다
 2 昼ごはんを食べなかったので、おなかが空きました。
空く : 비다
4 テニスをしたので、体が疲れました。
疲れる : 피곤하다

32 정답 : 2 しょうらいは おかねもちに なりたいです。
将来 : 장래/미래
1 この犬はこれから大きくなります。

33 정답 : 4 りっぱな スピーチでしたね。
りっぱ : 멋지다
1 もっときれいにそうじしてください。
3 大変だと思いますが、がんばってください。

34 정답 : 2 先生が テストの もんだいようしを くばります。
くばる : 나누어주다
1 花に水をやります。
3 コーヒーにさとうを入れます。

4 お母さんは赤ちゃんにミルクを飲ませます。

35 정답 : 1 やっと ゆきが やみました。
やむ : 그치다
 2 好きだった先生が辞めました。
辞める : 그만두다
3 学校の前で車が止まっています。
4 子どもが泣いていましたが、止まりました。
止まる : 멈추다

언어지식 (문법) · 독해

◆ 문법

もんだい1

1 정답 : 4 が
母が料理をするのを手伝います。
[修飾節 (수식절)] 안은 「は」가 아니라 「が」가 된다.
れい　父が日本に来るのを楽しみにしています。

2 정답 : 4 いいし
~し…も : ~하고…도 (강조를 나타낸다)
れい　中村先生はやさしいし、授業もおもしろい。

3 정답 : 1 ところ
動詞辞書形 (동사사전형) +ところ : ~하려던 참
れい　これから、シャワーを浴びるところです。
※~ているところ : ~하고 있는 중
れい　いま、シャワーを浴びているところです。

4 정답 : 4 に
に気がつく／気づく : 눈치채다

5 정답 : 1 書きかた
動詞ます形 (동사 ます형) +かた : ~하는 법
れい　使いかた　やりかた

6 정답 : 2 に
~ときに : ~때 / ~시
れい　旅行のときにおみやげをたくさん買いました。

7 정답 : 3 ひまだ
普通形 (보통형) +そうだ : 전문을 나타낸다.
れい　天気予報によると、あした台風が来るそうだ。
※な형용사는 [な形容詞だ] 의 형태를 사용한다.
れい　中村さんが住んでいる町はとても静かだそうだ。

8 정답 : 3 ばかり
~たばかり : 막~했다
れい　ごはんを食べたばかりだから、おなかがいっぱいだ。

9 정답 : 3 の
赤いの＝赤いぼうし
「の」는 명사 대신에 사용할 수 있다.

10 정답 : 2 かるくて
~て : 배열을 나타낸다.
れい　このお店の料理は安くておいしいです。

11 정답 : 2 あくでしょう
~でしょう : ~하겠죠
れい　あしたは雨が降るでしょう。

12 정답 : 2 ねませんでした
~しか…ない : ~밖에…없다
れい　晩ごはんはパン1つしか食べませんでした。

13 정답 : 3 しかられない
「しかられる」는 「しかる」의 피동형

14 정답 : 2 休ませてください
~させてください : ~하게 해주세요
れい　この仕事をぜひやらせてください。

15 정답 : 1 さびしくなくなりました
〜なくなる：〜 없게 되다
れい　足をけがして、サッカーができなくなった。

もんだい2

16 정답 : 1
毎日カレーを　2食べさせられて　1ばかり　3で　4いや　になります。
〜てばかり：何回も…。　〜만/몇 번이나…
「食べさせられる」는「食べる」의 사역피동형

17 정답 : 4
両親に　1反対　3されても　4留学　2する　つもりです。
〜ても：〜하여도
〜つもり：〜할 예정

18 정답 : 1
前はきらいだったけれど、2バナナが　4食べられる　1ように　3なった。
〜ようになる：〜되도록 변화를 나타낸다

19 정답 : 3
料理が　3上手な　2姉が　4作った　1ケーキ　です。食べてみてください。

20 정답 : 2
部長が　3好きな　1お酒を　2さしあげる　4ことに　しました。
さしあげる：드리다
〜ことにする：그렇게 하기로 정하다.

もんだい3

21 정답 : 1 には
[場所] に [もの] が ある.
れい　机の上に本がある。
※ [場所] 에 [人・動物] が いる.

れい　木の上に鳥がいる。

22 정답 : 4 建てられました
足利義満という人によって建てられた＝足利義満という人が建てた
「によって」의 뒤는 [動詞の受身形 (동사 피동형)] 을 사용한다.
れい　『源氏物語』は、紫式部という人によって書かれました。

23 정답 : 3 も
〜も：〜도
れい　田中さんは大学生です。中村さんも大学生です。

24 정답 : 3 写真を撮っていただけませんか
〜ていただけませんか：〜해 주시지 않겠습니까?

25 정답 : 2 いつか
いつか：언젠가
1 どこか：어딘가
3 だれか：누군가
4 どれか：어느 것인가

◆ 독해

もんだい 4

(1) 26 정답 : 2

> お掃除ボランティアのみなさんへ
>
> 毎週土曜日にやっている、町のお掃除ボランティアですが、**1いつも集まっている公園が工事で、使えません**。そこで、来週から、**2集まる場所を公園ではなく、駅前の駐車場にすることにしました。**
>
> **3時間はいつもと同じです。**朝9時に、ごみ袋を持って駐車場に来てください。**4何かわからないことがあったら、田中さんに連絡してください。**

1　공사하는 것을 가장 전하고 싶은 것은 아니다
2　○
3　모이는 시간은 변하지 않았다
4　모르는 것이 있을 때만 다나카 씨에게 연락한다

★ 암기하자!
- □ ボランティア：봉사활동
- □ 集まる：모이다
- □ 工事：공사
- □ ごみ袋：쓰레기 봉투
- □ 連絡〈する〉：연락〈하다〉

(2) 27 정답 : 1

> お酒は体によくないから、飲まないという人がいます。しかし、**2お酒を飲むと、気分がよくなり、ストレスを減らすことができる**という人もいます。ただし、**3毎日お酒を飲み続けたり、4一回にたくさんのお酒を飲んだりするのはやめましょう。**また、何も食べないで、お酒だけを飲む飲み方も、体にはよくないので、注意してください。

2　「ストレスを減らしながら、お酒を飲む」는 술 마시는 방법이 아니다
3　「毎日お酒を飲み続ける」는 좋지 않은 마시는 방법
4　「一回にたくさんのお酒を飲む」는 좋지 않은 마시는 방법

★ 암기하자!
- □ 気分：기분
- □ ストレス：스트레스
- □ 減らす：줄이다
- □ ただし：하지만/다만
- □ 飲み続ける：계속 마시다
- □ 注意〈する〉：주의〈하다〉

(3) 28 정답 : 1

> 山川さんへ
>
> 今日、会議をする部屋はせますぎるので、**1もう少し大きい部屋に変えてもらえますか。**
>
> **2会議で使うパソコンは、私が用意しておきます。**
>
> **3田中くんが資料をコピーするのを手伝ってくれました。4資料は机の上に置いておきます。**
>
> 今日の会議は長くなりそうですが、がんばりましょう。
>
> 　　　　　　　　　　　　　　　　　　　　　　　　上田

- 1 ○
- 2 우에다 씨가 컴퓨터를 준비한다
- 3 복사를 도운 것은 다나카 군
- 4 우에다 씨가 자료를 책상 위에 두었다

기하자!

- □ 会議 : 회의
- □ もう少し : 조금 더
- □ 変える : 바꾸다
- □ 用意 : 준비
- □ 資料 : 자료
- □ 手伝う : 돕다

(4) 29 정답 : 3

> 私は、先月から動物園のアルバイトを始めました。仕事は、**1動物園に来るお客さんを案内したり、2お客さんに動物について説明したりする**ことです。子どもたちには、動物のことがいろいろわかるように、**3動物の絵や写真を見せながら、4わかりやすく話す**ようにしています。毎日忙しいですが、かわいい動物に会えて、とても楽しいです。

- 1 이 사람의 일
- 2 이 사람의 일
- 3 동물의 그림과 사진을 주는 것이 아니라 보여주는 것이 이 사람의 일
- 4 이 사람의 일

기하자!

- □ アルバイト : 아르바이트
- □ 始める : 시작하다
- □ 案内〈する〉: 안내〈하다〉
- □ 説明〈する〉: 설명〈하다〉
- □ 見せる : 보여주다
- □ わかりやすく話す : 알기 쉽게 이야기하다

もんだい5

30 정답：2　　**31** 정답：3　　**32** 정답：4　　**33** 정답：1

　日本人は、だれかの話を聞いているあいだ、たくさんあいづちを打つ。あいづちを打つとは、何回も「うん、うん」や「へー」、「そうですね」と言ったり、頭を上下にふったりすることだ。**32** あいづちは、「あなたの話を聞いていますよ」、「どうぞ、話を続けてください」ということを伝えるためのものである。

　しかし、外国では、人の話を聞くときは、相手の目を見て、話し終わるまで、何も言わないほうがいいと考える文化もある。もし、その人と日本人が話すことがあったら、話している外国人には、**30** 話を聞いている日本人が「うん、うん」、「はい、はい」などのことばを言い続けるので、①うるさいと思う人もいるだろう。反対に、**31** 日本人は話をしているとき、外国人があいづちを打たないので、②不安に思ってしまうことが多いのではないかと思う。

　文化が違うと、コミュニケーションの方法も違う。だから、日本人と外国人では、**33**「（　　　　）」ということを伝える方法が違うことを理解して、コミュニケーションのやりかたを考えたほうがいい。そうすれば、あいづちを打っても、打たなくても、気持ちよくコミュニケーションができるはずである。

32 일본인은 맞장구를 치는 것으로 「당신의 이야기를 듣고 있어요」라는 것을 전하지만 외국인은 상대방의 눈을 보며 이야기를 듣는다.

30 「うん、うん」, 「はい、はい」 등의 말을 계속 한다＝맞장구를 치는 습관이 있다. 이것이 「시끄럽다」라고 느껴지는 사람도 있다.

31 외국인은 맞장구를 치지 않기 때문에 일본인에게 있어서 「당신의 이야기를 듣고 있어요」라는 [사인(사인)]이 없다.

33 기분 좋은 커뮤니케이션을 위해서는 상대의 커뮤니케이션 방법을 이해하는 것이 중요

★ 암기하자!

- □ あいづちを打つ：맞장구를 치다
- □ 上下にふる：위아래로 흔들다
- □ 反対に：반대로
- □ 不安：불안
- □ コミュニケーション：커뮤니케이션
- □ 方法：방법
- □ 理解〈する〉：이해〈하다〉
- □ 〜はず：〜할 것

もんだい6

34 정답：1   **35** 정답：2

いらない自転車をさしあげます！

A

1年前に12,000円で買いましたが、買った値段から50%安くして、ほしい人にあげます。あまり使わなかったので、とてもきれいで、壊れているところもありません。

34 月曜日、火曜日、金曜日は授業とアルバイトがあるので、電話に出られないと思います。それ以外の日に電話してください。できれば午後がいいです。家まで無料で届けに行きます。

　　　　　　　　　　　　前田：090-0000-0000

B

車を買ったので、自転車がいらなくなりました。高校のとき、3年間使いました。少し壊れているところがありますが、直せばすぐに乗れます。**35** 値段は7,000円ですが、家まで取りに来てくれるなら、2,000円安くします。家は大学から歩いて5分くらいのところにあります。

34 月曜日から金曜日までは授業で忙しいので、電話に出られません。ほしい人は必ず土日に電話してください。

　　　　　　　　　　　　中山：044-455-6666

C

古い自転車をただであげます。かなり古いので、自転車のお店で直してもらわなければいけないと思います。お店の人に聞いたら、直すのに5,000円くらいかかると言われました。家まで自転車を届けるので、1,000円お願いします。

質問がある人は、何でも聞いてください。**34** 午後はアルバイトがあるので電話に出られませんが、午前中ならいつでも大丈夫です。

　　　　　　　　　　　　トム：090-1111-1111

---

34 목요일 오후는 전화를 받을 수 있다

35 집에 가지러 가면 5,000엔 지불하면 된다. A：12,000엔 × 50%＝6,000엔.

C：5,000엔＋1,000엔(배송료)＝6,000엔

34 평일은 전화를 받을 수 없다

34 오후는 전화를 받을 수 없다

⭐ 암기하자!

- □ 値段(ねだん) : 가격
- □ 壊(こわ)れる : 고장나다
- □ 電話(でんわ)に出(で)る : 전화를 받다
- □ 以外(いがい) : 이외
- □ 無料(むりょう) : 무료
- □ 届(とど)ける : 보내주다
- □ 直(なお)す : 고치다
- □ ただ : 무료
- □ かなり : 꽤나

청해

もんだい1

れい　정답：4　　　　　　　　　　　　　　🔊 N4_3_03

女の人と男の人が電話で話しています。女の人はこのあとまず何をしますか。

F：もしもし。今、駅前の郵便局の前にいるんだけど、ここからどうやって行けばいいかな？

M：郵便局か。そこから大きな茶色いビルは見える？

F：うん、見えるよ。

M：信号を渡って、そのビルの方へ歩いてきて。ビルの横の道を2分くらい歩くとコンビニがあるから、その前で待っていて。そこまで迎えに行くよ。

F：うん、わかった。ありがとう。

M：うん、じゃあまたあとで。

女の人はこのあとまず何をしますか。

1ばん　정답：4　　　　　　　　　　　　　　🔊 N4_3_04

娘が父に電話をしています。父はまず何をしなければなりませんか。

F：もしもし、お父さん、まだ家にいる？

M：**今から出かけるところだよ。** ── 아직 외출하지 않았다

F：間に合ってよかった。机の上に手紙が置いてあるんだけど、郵便局に行って手紙を出してくれない？

M：手紙だね。いいよ。

F：あと、帰りに牛乳を買ってきて。

M：うん、わかった。

F：**出かけるときはちゃんと電気を消しておいてね**。お父さんが出かけるとき、いつも電気がついたままなんだから。　── 전기를 끈 후에 외출한다

M：わかった、わかった。

전기를 끈다→외출한다→우체국에 간다→우유를 산다

父はまず何をしなければなりませんか。

암기하자!
□ 間に合う : 시간에 맞추다

2ばん　정답 : 4　　　　　　　　　　🔊 N4_3_05

女の人と男の人が話しています。女の人はまず何をしますか。

F : 田中さん、お菓子を買ってきたので、一緒に食べませんか。

M : ああ、ぼくはあとでいただくよ。今、ちょっと忙しくて…。

F : 何かお手伝いしましょうか。

M : 頼むよ。**2 今この書類をコピーしているから**、終わったら、書類を袋に一枚ずつ入れていってほしいんだ。

F : わかりました。

M : あ、**4 袋に入れる前に、ちゃんと相手の名前が書いてあるか確認して**。袋に入れてからだと、やりにくいから。

F : はい。

女の人はまず何をしますか。

2 복사하고 있는 것은 남성

4 봉투에 이름이 쓰여 있는지 확인한 후 서류를 봉투에 넣는다

암기하자!
□ 手伝う : 돕다
□ 頼む : 부탁하다
□ 書類 : 서류
□ 一枚ずつ : 한 장씩
□ 確認〈する〉: 확인〈하다〉

3ばん　정답 : 3　　　　　　　　　　🔊 N4_3_06

郵便局で男の人と郵便局の人が話しています。男の人はいくら払いますか。

M : すみません、この荷物を北海道までお願いします。

F : かしこまりました。**1 北海道まで1,500円です**。

M : あ、今日送ったら、北海道にいつ届きますか。

1 1,500엔 : 3일 걸린다

F：北海道なら、**3日後に届きます。** ── 1　1,500엔：3일 걸린다

M：あのう、できれば早く届けたいんですが、できますか。　　　　　　　　2　1,800엔：2일 걸린다

F：**3 明日届くサービスは2,000円、2 2日後に届くサービスは1,800** ── 3　2,000엔：1일 걸린다○
　円です。

M：じゃあ、一番早く届くサービスをお願いします。

F：かしこまりました。

男の人はいくら払いますか。

암기하자!
- 払う：지불하다
- 届く：도착하다
- 届ける：보내주다
- サービス：서비스

4ばん　정답：3　　　🔊 N4_3_07

学校で、先生がテストについて話しています。テストでは、何をしてはいけませんか。

M：明日は、301の教室でテストをします。いつもの教室ではありませんから、注意してください。301の教室には時計がありませんから、みなさん、自分で時計を持ってきてくださいね。テストは必ずえんぴつで書いてください。**ボールペンは使わないで** ── 볼펜으로 쓰면 안된다
ください。 ノート、教科書、携帯電話は必ずかばんの中に入れて、かばんは教室の後ろのテーブルに置いてください。

テストでは、何をしてはいけませんか。

암기하자!
- 注意〈する〉：주의〈하다〉
- 必ず：반드시
- 教科書：교과서

5ばん　정답：3　　🔊 N4_3_08

女の人と男の人が旅行の準備をしています。女の人は、ほかに何を入れますか。

F：えっと、カメラは入れた。下着、靴下も入れた。これで準備は終わったかな。

M：ア**セーターも持っていったほうがいいんじゃない？** 夏だけど、山の上に行くんだから。　── ア　스웨터는 이미 넣었다

F：ア**うん、もう入れたよ。** ──

M：山の上は寒いかもしれないから、イ**手袋も持っていったほうがいいかな。**　── イ　장갑은 필요하지 않으므로 넣지 않아도 된다

F：イ**そこまではいらないんじゃない？** ──

M：じゃあ**帽子は持っていこう**。山の中を歩くから、**歩きやすい靴もいると思うよ。**　── 넣는 것은 모자와 신발만

F：そうだね。わかった。──

女の人は、ほかに何を入れますか。

⭐ **암기하자!**
- □ 準備：준비
- □ 下着：속옷
- □ 手袋：장갑
- □ いる：필요하다

6ばん　정답：1　　🔊 N4_3_09

デパートで女の店員と男の人が話しています。男の人は、どれを選びますか。

F：いらっしゃいませ。何をお探しでしょうか。

M：母の誕生日にハンカチをプレゼントしようと思っているんですけど、どれにするか迷っているんです。

F：ではこちらはどうですか。**シンプルですが、細いリボンがおしゃれですよ。**　── 점원이 처음에 소개한 것은 심플하고 가는 리본이 달려 있는 손수건

M：うーん、こういうの、もう持ってるかもしれないな。

F：ではこの花の絵のハンカチはどうですか。かわいくて人気がありますよ。

M：うーん、ちょっとかわいすぎるな。

F：そうですか。ではこちらはどうでしょう。大きいリボンがついています。

M：うーん、色がちょっと…。**やっぱり最初のにします。**

F：かしこまりました。ありがとうございます。

男の人は、どれを選びますか。

― 점원이 처음에 소개한 것은 심플하고 가는 리본이 달려 있는 손수건

암기하자!

- □ 探す：찾다
- □ 誕生日：생일
- □ プレゼント：선물
- □ 迷う：헤매다
- □ シンプル：심플
- □ リボン：리본
- □ おしゃれ：멋짐
- □ 人気：인기
- □ 最初：처음

7ばん 정답：4

N4_3_10

学校で女の学生と先生が話しています。女の学生はだれから本をもらいますか。

F：あのう、先生。先生が授業で「この本はおもしろいから読んだほうがいい」とおっしゃっていた本を貸していただけないでしょうか。

M：ああ、あの本ね。図書館にはなかった？

F：はい。図書館の人に聞きました。その本は、ほかの学生が借りているそうです。

M：そうですか。実は少し前に林くんにその本を貸したところなんだ。

F：そうなんですか。

M：林くんが読み終わったら、君に渡すように伝えておきますね。

F：はい、ありがとうございます。

女の学生はだれから本をもらいますか。

하야시 군이 책을 다 읽으면 직접 여학생에게 건넨다.

암기하자!

□おっしゃる：말씀하다
□読み終わる：다 읽다
□君：당신
□渡す：건네다
□伝える：전달하다

8ばん　정답：2

N4_3_11

男の人が話しています。車をどこに止めますか。

M：お客様にお知らせします。今日は、花火大会があるので、**スーパーの駐車場は使えません**。特別駐車場は、橋の下にございます。ご近所の方の迷惑になりますので、**小学校の前や道にも止めないでください**。よろしくお願いします。

車をどこに止めますか。

슈퍼의 주차장, 초등학교 앞, 길에 차를 세우면 안되므로 다리 밑에 있는 특별 주차장에 차를 세운다.

암기하자!

□止める：세우다
□知らせる：알리다
□花火大会：불꽃놀이
□駐車場：주차장
□特別：특별
□近所の方：이웃 사람
□迷惑：민폐

もんだい2

れい　정답：4　　　　　　　　　　🔊 N4_3_13

女の人と男の人が話しています。女の人は、結婚式で何を着ますか。

F：明日の友だちの結婚式、楽しみだな。
M：そうだね。何を着るか決めたの？
F：本当は着物を着たいんだけど、一人じゃ着られないし、動きにくいんだよね。
M：そうだね。
F：それで、このピンクのドレスにしようと思ってるんだけど、どうかな。
M：うーん、これだけだと寒いと思うよ。
F：そうかな。じゃあ、この黒いドレスはどう？　これは寒くないよね。
M：そうだけど、短すぎない？
F：そう？　短いほうがおしゃれでしょう。決めた。これにする。

女の人は、結婚式で何を着ますか。

1ばん　정답：2　　　　　　　　　　🔊 N4_3_14

女の人と男の人が電話で話しています。男の人は何時に家に帰りますか。

F：もしもし。今日は何時くらいに家に帰れる？
M：まだわからないよ。**今から5時半まで会議をして**、それから、書類をチェックしないといけないんだ。それをするのに、1時間くらいかかると思う。
F：そうなんだ。実は朝からずっと頭が痛くて…。一緒に病院に行ってほしいんだ。
M：大丈夫？　**会議は休めないけど、書類チェックは明日やればいいから、会議が終わったらすぐ帰るよ。**

오늘은 서류를 체크하지 않고 회의가 끝나면 집으로 돌아간다.
5時半＝5時30分

F：ありがとう。
M：電車で帰るから30分はかかると思う。病院に行く準備をしておいて。
F：うん、わかった。
男の人は何時に家に帰りますか。

암기하자!
☐ 書類：서류
☐ チェック：체크
☐ ずっと：계속
☐ ～てほしい：～해주길 원하다
☐ 準備：준비

2ばん　정답：3　　　🔊 N4_3_15

女の人と男の人が話しています。男の人はどうしてごはんを食べませんか。

F：あれ？　ぜんぜん食べてないけど、どうしたの？　おいしくない？
M：いや、おいしいよ。
F：じゃあ、お腹が痛いとか？
M：そんなことないよ。でもカレーはちょっと…。**今日のお昼にカレーを食べたばかりだから。**
F：そっか。病気かもしれないと思って、心配したよ。
男の人はどうしてごはんを食べませんか。

～たばかり：막~하다

だから：[원인・이유]를 나타낸다.

암기하자!
☐ ぜんぜん：전혀
☐ 心配〈する〉：걱정〈하다〉

3ばん　정답 : 3　　🔊 N4_3_16

男の人と女の人がバーベキューの準備をしています。二人は何を持っていくことにしましたか。

M：えっと、1バーベキューのお肉は、確か田中くんが買ってきてくれるんだよね。　── 1　다나카 군은 고기를 산다

F：うん。今日は暑くなりそうだから、たくさん飲み物を持っていったほうがいいよね。

M：うん。2でも飲み物は冷たいほうがいいから、バーベキュー場で買おうよ。　── 2　바베큐장에서 마실 것을 산다

F：そっか。それなら重くないし、便利だし、そっちのほうがいいよね。3あ、たくさん汗をかくから、タオルもたくさん持っていこう。　── 3　○

M：そうだね。バーベキューのとき、いすがあると便利だと思うんだけど、持っていく？

F：それは、4向こうで貸してくれるから、いらないよ。　── 4　바베큐장에서 의자를 빌린다

二人は何を持っていくことにしましたか。

⭐ 암기하자!

- □ バーベキュー：바베큐
- □ 準備：준비
- □ 確か：확실
- □ 冷たい：차갑다
- □ バーベキュー場：바베큐장
- □ 汗をかく：땀이 나다
- □ タオル：타월

4ばん　정답 : 4　　🔊 N4_3_17

男の人と女の人が話しています。女の人がカラオケでアルバイトを始めたのはどうしてですか。

M：加藤さん、アルバイトを始めたんだって？

F：うん。カラオケでアルバイトしてるよ。

M：確か山田さんも同じお店でアルバイトしてるよね？

F：うん。でも山田さんは先月やめちゃったんだ。

M：えー、そうなんだ。アルバイトは忙しい?

F：ううん、あまり忙しくない。お店の人はみんなやさしくて、おもしろいよ。

M：そうなんだ。

F：**私、音楽が好きだから、ずっと音楽が聞こえるところでアルバイトしたいと思ってた。**だから、とても楽しいよ。

女の人がカラオケでアルバイトを始めたのはどうしてですか。

가라오케에서 아르바이트를 하면 계속 음악이 들린다.

だから：[원인・이유]를 나타낸다.

★암기하자!

- □カラオケ：가라오케/노래방
- □アルバイト：아르바이트
- □始める：시작하다
- □確か：확실
- □やめる：그만두다
- □音楽：음악
- □聞こえる：들리다

5ばん　정답：1　　N4_3_18

女の子と男の子が話しています。どうして男の子はお母さんにゲームをとられましたか。

F：どうしたの?　元気がないね。

M：うん。お母さんにゲームをとられたんだ。

F：え?　どうして?

M：**ゲームをやりすぎているから、ゲームはするなって言われた。**

F：そうか。

M：今度のテストで100点を取ったら、ゲームを返してくれるんだ。

F：じゃあ、いっしょうけんめい勉強しないといけないね。

どうして男の子はお母さんにゲームをとられましたか。

やりすぎる：너무 많이 하다

するな＝하지 말아라

- □ 100点を取る : 100점을 받다
- □ いっしょうけんめい : 열심히

6ばん　정답 : 2　　　　　　　　　　　N4_3_19

男の人と女の人が話しています。今、女の人の家に何人住んでいますか。

M : 山田さんって何人家族なの？

F : 6人家族だよ。両親と兄と姉と弟と私。

M : 弟さんは高校生？

F : うん。今は塾に行っていて、毎日夜遅く家に帰ってくる。**兄は今海外で働いているから、なかなか日本に帰ってこられないんだ。**

M : そうなんだ。じゃあ、お姉さんは？

F : **姉は結婚していて、私の家の近くに住んでる。**よく子どもを連れて遊びに来るよ。私が家にいるときは、いつも姉の子どもと遊んでいるよ。

今、女の人の家に何人住んでいますか。

형은 해외에 살고 있다. 누나는 여성의 집 근처에 살고 있다.

그러므로 지금 여성의 집에 아버지, 어머니, 형과 여성 4명이 살고 있다.

기하자!
- □ 両親 : 부모님
- □ 塾 : 학원
- □ なかなか : 좀처럼
- □ 結婚〈する〉 : 결혼〈하다〉
- □ 近く : 가까이
- □ 連れる : 데리고 (오)가다 / 함께 가다

7ばん　정답：1　　　🔊 N4_3_20

デパートで、女の人と男の人が話しています。二人は誕生日プレゼントに何を買いましたか。

F：お母さんの誕生日プレゼント、このネックレスにしない？ **このネックレスを見て、ほしいって言ってたんだ。**

M：高すぎるよ。ぼくたちあまりお金がないんだから。

F：じゃあ、ハンカチはどう？

M：お母さん、ハンカチはたくさん持ってるよ。ぼくはケーキがいいと思う。みんなで食べられるし。

F：ケーキは私が作るつもりだから、いらないよ。あ、このコップかわいい。これはどう？

M：コップは去年の誕生日にあげたじゃないか。

F：そうだね。うーん、**少し高いけど、お母さんがほしがっているものをあげようよ**。お母さんきっとよろこぶよ。

M：わかったよ。

二人は誕生日プレゼントに何を買いましたか。

— 어머니가 갖고 싶어하는 것은 목걸이. 조금 비싸지만 어머니가 기뻐하시도록 사기로 했다.

⭐ 암기하자!

- 誕生日 : 생일
- プレゼント : 선물
- ネックレス : 목걸이
- ハンカチ : 손수건
- ～つもり : ~할 예정
- いらない : 필요 없다
- コップ : 컵
- ほしがる : 원하다 / 갖고 싶다

もんだい3

れい　정답：1　　　N4_3_22

友だちに借りた本にアイスクリームを落としてしまいました。何と言いますか。

F：1　本を汚してしまって、ごめんね。
　　2　本が汚れそうで、ごめんね。
　　3　本が汚れたみたいで、ごめんね。

1ばん　정답：2　　　N4_3_23

お店でタバコを吸っている人がいます。注意します。何と言いますか。

F：1　タバコはえんりょします。
　　2　タバコはごえんりょください。
　　3　タバコをえんりょしないでください。

～ごえんりょください＝～してはいけない

★암기하자!
□注意〈する〉：주의〈하다〉
□えんりょ〈する〉：사양〈하다〉

2ばん　정답：2　　　N4_3_24

恋人と結婚したいです。指輪を渡します。何と言いますか。

M：1　彼女と結婚させてください。
　　2　ぼくと結婚してくれませんか。
　　3　彼女は結婚したがっています。

～てくれませんか：～해 주시지 않겠습니까?

★암기하자!
□恋人：애인
□結婚〈する〉：결혼〈하다〉
□指輪：반지

3ばん　정답：1　　　N4_3_25

先生が大きな荷物を運んでいます。手伝おうと思います。何と言いますか。

M：1　荷物をお持ちします。
　　2　荷物をお持ちになります。
　　3　荷物をお持ちしませんか。

「お持ちします」는「持ちます」의 정중한 표현

★암기하자!
□運ぶ：옮기다
□手伝う：돕다

4ばん　정답：3　　　N4_3_26

風が強いです。紙が飛んでしまいそうです。何と言いますか。

F：1　あれ？　窓が閉まったままだった。
　　2　あー、紙がたくさん落ちたみたいだ。
　　3　ごめん、窓を閉めてくれない？

「～てくれない?」는「～てくれませんか?」의 캐주얼한 표현

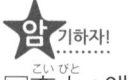　1　～たまま：상태가 계속되고 있는 것

5ばん　정답：3　　🔊 N4_3_27

> となりの部屋の人がうるさいです。夜寝られません。何と言いますか。
>
> F: 1　いつか静かになるでしょう。
> 　　2　少し寝られるようになりました。
> 　　3　もう少し静かにしてくれませんか。

~てくれませんか：~해 주시지 않겠습니까?

もんだい 4

れい　정답：1　　N4_3_29

> M: おみやげのお菓子です。ひとつどうぞ。
> F: 1　わあ、いただきます。
> 　　2　いえ、どういたしまして。
> 　　3　たくさん食べてくださいね。

1ばん　정답：1　　🔊 N4_3_30

> F: この薬は一日に何回飲めばいいですか。
> M: 1　朝と寝る前に飲んでください。
> 　　2　水で飲んでください。
> 　　3　一人で飲んではいけません。

何回：몇 번

2ばん　정답：2　　🔊 N4_3_31

> F: もしよかったら、もっとお話を聞かせていただけませんか。
> M: 1　すみません、声が大きすぎましたね。
> 　　2　はい、もちろんいいですよ。
> 　　3　もっとゆっくり話すようにしてほしいですね。

聞かせていただけませんか：들려주시지 않겠습니까?

3ばん　정답：2　　🔊 N4_3_32

> M: 今日の晩ごはん、何にする?
> F: 1　私が作るね。
> 　　2　カレーはどうかな?
> 　　3　それがいいね。

~にする：스스로 골라서 결정한 것을 나타낸다

4ばん　정답：3　　🔊 N4_3_33

> M: あれ、教室に電気がついているよ。
> F: 1　だれもいないみたいだね。
> 　　2　電気をつけてくれてありがとう。
> 　　3　田中さんが教室で勉強しているからね。

電気がついている：전기가 켜져 있다

5ばん　정답 : 1　　🔊 N4_3_34

F: 会議の前に、何をしておいたらいいですか。
M: 1　この資料のコピーをお願いします。
　　2　会議のあとで、ごはんを食べましょう。
　　3　会議で説明しようと思います。

〜ておく : 어떤 목적을 위해 미리 무언가를 해 두다

6ばん　정답 : 3　　🔊 N4_3_35

F: 子どもの時、親に何をさせられましたか。
M: 1　私はよく、親に怒られました。
　　2　子どもの時、よく運動をさせました。
　　3　毎日野菜を食べさせられました。

「〜させられる」는 「する」의 사역피동형

7ばん　정답 : 1　　🔊 N4_3_36

M: 先生はいつ学校にいらっしゃいますか。
F: 1　明日は来ますよ。
　　2　いつでもいいですよ。
　　3　いつも忙しそうですね。

「いらっしゃる」는 「来る」의 정중한 표현

8ばん　정답 : 3　　🔊 N4_3_37

M: 私の傘、どこに行っちゃったんだろう。
F: 1　私はどこでも行けるよ。
　　2　買い物に行きたいな。
　　3　探しても、どこにもないね。

傘はどこに行っちゃったんだろう＝傘が見つからない 우산을 찾을 수 없는 상황

JLPT 필승합격의 길이 여기에!

필승합격 일본어능력시험 단어장 시리즈(N1~N5)

전국 주요 서점에서 판매중! 4X6배판, 정가 16,000~14,000원 (레벨별 상이)

■ 필승합격 일본어능력시험 단어장 시리즈 특징! ■

1. **주제별, 상황별 단어 학습**
   JLPT에 자주 출제되고 일상생활에도 도움이 되는 단어의 주제별 정리!
   각 상황에 맞는 이미지로 학습 가능!

2. **모의시험으로 실력 확인**
   PC나 모바일에서 온라인 모의시험으로 실시간 점수 확인 가능!
   PDF 파일로도 제공하여 모의시험 출력 가능!

3. **음성의 활용**
   단어장의 모든 단어와 예문 음성 파일을 무료 다운로드로 제공!
   단어 암기의 효율성을 높이고 듣기 훈련에도 도움!

4. **암기용 셀로판지 활용**
   암기용 셀로판지로 표제 단어와 예문을 가리고 학습하여 암기효과 상승!

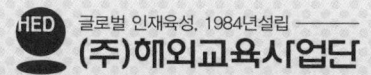

㈜해외교육사업단 발행 도서

일본유학시험(EJU)
2019년 1회 기출문제

일본유학시험(EJU)
대비 개념서 하이레벨
종합과목 개정 제2판

일본유학시험(EJU)
대비 개념서 하이레벨
이과 물리·화학·생물 개정판

일본유학시험(EJU)
대비 개념서 하이레벨
수학 코스1

일본유학시험(EJU)
모의시험 10회분
일본어 기술·독해

일본유학시험(EJU)
모의시험 10회분
일본어 청독해·청해

일본유학시험(EJU)
실전문제집(10회분)
일본어 기술·독해 vol.1

일본유학시험(EJU)
실전문제집(10회분)
일본어 청독해·청해 vol.1

일본유학정보도서
일본대학 학과도감

일본유학정보도서
일본 고등학교 유학가기

일본유학정보도서
일본 유학으로 성공하기

일본유학정보도서
일본 유학 수속 가이드

▶ 판매처 : 교보문고, 영풍문고, 예스24, 알라딘, 인터파크 (각 서점 및 사이트에서 구입 가능)

▶ 해외교육사업단 : 전화 02-552-1010/ 팩스 02-552-1062/ 이메일 hedc@hed.co.kr

EJU 수험생 필독서

「일본유학시험(EJU) 일본어단어·어휘 10000어」

온라인 테스트 10,000 문제 제공!

▶ 국내 유일의 EJU 단어집!

▶ 일본어 학습자를 위한 궁극의 단어집!

▶ 12년분 EJU 출제 단어 빈도순 수록!

▶ EJU 중요 키워드 수록!

▶ 음성 녹음 파일로 생생한 일본어 학습 가능!

▶ 본 시험에 가까운 예문 수록!

▶ 단어 암기용 셀로판지 포함!

(주)해외교육사업단 발행 | 536페이지 | 정가 20,000원

일본유학시험(EJU) 실전문제집 10회분 시리즈

| 일본어
기술·독해 | 일본어
청독해·청해 | 종합과목 | 수학 코스1 | 수학 코스2 |

[판매처] 교보문고, 영풍문고, 예스24, 알라딘, 인터파크(각 사이트 검색 가능)

독해 · 청해문제 출제 협력

오다 사치코 : 세이난학원대학 유학생별과 비상근강사

언어지식문제 출제 협력

飯塚大成、碇麻衣、氏家雄太、占部匡美、遠藤鉄兵、笠原絵理、嘉成晴香、後藤りか、小西幹、櫻井格、鈴木貴子、柴田昌世、中園麻里子、戸井美幸、中越陽子、西山可菜子、野島恵美子、松浦千晶、松本汐理、三垣亮子、森田英津子、森本雅美、二葉知久、濱田修、矢野まゆみ、横澤夕子、横野登代子（五十音順）

필승합격일본어능력시험(JLPT)N4 모의고사

발행일	2021년 2월 25일 초판 제1쇄 발행
편저	아스크출판 편집부
발행인	송부영
발행처	(주)해외교육사업단
출판등록	제16-1456호
주소	서울특별시 서초구 강남대로 381,(두산709호)
전화	02-736-1010
이메일	song@hed.co.kr
홈페이지	www.hedgroup.co.kr

*본사에서는 소중한 원고, 새로운 기획의 제안을 기다리고 있습니다.
*이 책은 저작권법에 의해 보호를 받는 저작물이므로 무단 전재와 복제를 금합니다.
*잘못된 책은 구입하신 서점이나 본사에서 교환해드립니다.

©2020 Ask Publishing Co., Ltd.
Originally Published in Japan by ASK Publishing Co., Ltd., Tokyo

필승합격일본어능력시험 N4

모의고사 3회분

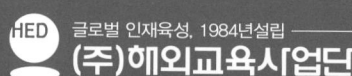

필승합격일본어능력시험 N4 모의고사

제1회

음성파일과 채점표

필승합격 모의고사　제1회　　　　　　　　もんだいようし

N4
げんごちしき（もじ・ごい）
（30ぷん）

ちゅうい
Notes

1. しけんが はじまるまで、この もんだいようしを あけないで ください。
   Do not open this question booklet until the test begins.

2. この もんだいようしを もって かえる ことは できません。
   Do not take this question booklet with you after the test.

3. じゅけんばんごうと なまえを したの らんに、じゅけんひょうと おなじように かいて ください。
   Write your examinee registration number and name clearly in each box below as written on your test voucher.

4. この もんだいようしは、ぜんぶで 9ページ あります。
   This question booklet has 9 pages.

5. もんだいには かいとうばんごうの 1、2、3… が あります。かいとうは、かいとうようしに ある おなじ ばんごうの ところに マークして ください。
   One of the row numbers 1, 2, 3… is given for each question. Mark your answer in the same row of the answer sheet.

じゅけんばんごう　Examinee Registration Number	
なまえ　Name	

もんだい1 ＿＿＿の ことばは ひらがなで どう かきますか。
1・2・3・4から いちばん いい ものを ひとつ えらんで ください。

(れい) この りんごが とても 甘いです。
　　1 あかい　　2 あまい　　3 あおい　　4 あらい

(かいとうようし)　| (れい) | ① ● ③ ④ |

1　この みせは 品物が すくないです。
　　1 ひんもつ　　2 ひんぶつ　　3 しなもの　　4 しなぶつ

2　4月に 日本の だいがくに 入学します。
　　1 にゅうがく　　2 にゅうこく　　3 にゅうし　　4 にゅういん

3　でんしゃで がっこうに 通って います。
　　1 つうって　　2 かよって　　3 むかって　　4 とおって

4　日本は 工業の くにです。
　　1 こうぎょう　　2 こうぎゅう　　3 ごうぎょう　　4 じょうぎょう

5　バスは 8時に 出発します。
　　1 しゅっぱつ　　2 しゅっはつ　　3 しゅつはつ　　4 しゅつぱつ

6　けんこうの ために まいにち 運動して います。
　　1 くんどう　　2 くんとう　　3 うんどう　　4 うんとう

7　まどを 閉めても いいですか。
　　1 とめて　　2 きめて　　3 しめて　　4 やめて

8 この 道を まっすぐ 行って ください。
　　1 みち　　　2 はし　　　3 いえ　　　4 くに

9 あした、いっしょに 映画を 見に 行きませんか。
　　1 えか　　　2 えいか　　　3 えいが　　　4 えりが

もんだい2 ＿＿＿の ことばは どう かきますか。1・2・3・4から
　　　　　 いちばん いい ものを ひとつ えらんで ください。

（れい）つくえの うえに ねこが います。
　　　　 1 上　　 2 下　　 3 左　　 4 右

（かいとうようし）　｜ （れい）　● ② ③ ④ ｜

10 友だちに 本を かります。
　　1 貸ります　　2 借ります　　3 摺ります　　4 持ります

11 わたしは おんがくを 聞くのが すきです。
　　1 楽音　　　　2 学音　　　　3 音楽　　　　4 音学

12 すぐ おわるから、もう すこし まって ください。
　　1 待って　　　2 持って　　　3 時って　　　4 等って

13 きのう、えきの ちかくで かじが ありました。
　　1 炎事　　　　2 火事　　　　3 家事　　　　4 事故

14 もうすぐ バスが 来ますよ。いそいで ください。
　　1 来いで　　　2 速いで　　　3 急いで　　　4 早いで

15 しけんに ごうかくしましたから、きぶんが いいです。
　　1 気今　　　　2 気文　　　　3 気分　　　　4 気持

もんだい3 （　　）に　なにを　いれますか。1・2・3・4から　いちばん
　　　　　いい　ものを　ひとつ　えらんで　ください。

(れい)　この　おかしは　（　　　）　おいしくないです。
　　　　　1　とても　　　2　すこし　　　3　あまり　　　4　しょうしょう

(かいとうようし)　　(れい)　① ② ● ④

16　パンに　バターを　（　　　）　ください。
　　1　して　　　　　2　ぬれて　　　　3　のって　　　　4　ぬって

17　（　　　）　くにに　かえりました。
　　1　ひさしぶりに　　2　しょうらい　　3　これから　　　4　こんど

18　ふねが　（　　　）に　とうちゃくしました。
　　1　くうこう　　　　2　みなと　　　　3　まち　　　　　4　えき

19　（　　　）は　本を　読む　ことです。
　　1　しゅうかん　　　2　きょうみ　　　3　やくそく　　　4　しゅみ

20　へやを　きれいに　（　　　）　ください。
　　1　けして　　　　　2　かたづけて　　3　くらべて　　　4　ならべて

21　1000円で、800円の　おかしを　買って、200円の　（　　　）を　もらいました。
　　1　レシート　　　　2　おさつ　　　　3　おつり　　　　4　さいふ

22　ケンさんは　いつも　（　　　）に　はたらいて　います。
　　1　たいへん　　　　2　ぴったり　　　3　ゆっくり　　　4　まじめ

23 あさ、じしんが あって （　　）。
 1　うれしかった　　　　　　　　2　こわかった
 3　さびしかった　　　　　　　　4　はずかしかった

24 あしたの ホテルの （　　）を しました。
 1　よやく　　　2　よほう　　　3　よそう　　　4　よてい

25 この けんきゅうは、5ねん かかって （　　） おわりました。
 1　ちっとも　　　2　たしか　　　3　やっと　　　4　かならず

もんだい4 ＿＿＿の ぶんと だいたい おなじ いみの ぶんが あります。
1・2・3・4から いちばん いい ものを ひとつ えらんで
ください。

(れい) この へやは きんえんです。
　　　1 この へやは たばこを すっては いけません。
　　　2 この へやは たばこを すっても いいです。
　　　3 この へやは たばこを すわなければ いけません。
　　　4 この へやは たばこを すわなくても いいです。

(かいとうようし)　| (れい) | ● ② ③ ④ |

26 さいきん、家を るすに する ことが おおいです。
　1 さいきん、家に よく います。
　2 さいきん、家に あまり いません。
　3 さいきん、家に 友だちを よく よんで います。
　4 さいきん、家で あまり あそんで いません。

27 きょうの テストは かんたんでした。
　1 きょうの テストは ふくざつでした。
　2 きょうの テストは たいへんでした。
　3 きょうの テストは やさしかったです。
　4 きょうの テストは むずかしかったです。

28 くるまが こしょうしました。
　1 くるまが こわれました。
　2 くるまが よごれました。
　3 くるまが うごきました。
　4 くるまが とまりました。

29 きょねん　たばこを　やめました。

1　きょねん　たばこを　はじめました。
2　きょねん　たばこを　かいました。
3　いま　たばこを　すって　いません。
4　いま　たばこを　すって　います。

30 いっしょうけんめいに　べんきょうします。

1　よく　べんきょうします。
2　あまり　べんきょうしません。
3　すこし　べんきょうします。
4　ほとんど　べんきょうしません。

もんだい5 つぎの ことばの つかいかたで いちばん いい ものを
　　　　　1・2・3・4から ひとつ えらんで ください。

(れい) こたえる
　　1 かんじを 大きく こたえて ください。
　　2 本を たくさん こたえて ください。
　　3 わたしの はなしを よく こたえて ください。
　　4 先生の しつもんに ちゃんと こたえて ください。

(かいとうようし) | (れい) | ① ② ③ ● |

31 けんぶつ
　　1 だいがくで けいざいを けんぶつして います。
　　2 きのう、こうじょうを けんぶつしました。
　　3 こんど、ふじさんを けんぶつに 行きます。
　　4 なつやすみに 友だちと はなびたいかいを けんぶつしました。

32 あんしん
　　1 この まちは よる うるさくて あんしんです。
　　2 やまださんは あんしんで いそがしいです。
　　3 じこが おきて、とても あんしんです。
　　4 日本には 兄が いますから、あんしんです。

33 こまかい
　　1 やさいを こまかく きって ください。
　　2 かれの 家は とても こまかいです。
　　3 その えんぴつは こまかいですね。
　　4 わたしの 兄は とても あしが こまかいです。

34 やぶれる

1　水に　ぬれて、かみが　やぶれました。
2　たいふうで、木が　やぶれました。
3　コップが　おちて、やぶれました。
4　いすを　なげたら、やぶれました。

35 さそう

1　まいにち　1じかん、ゲームを　さそいます。
2　はるに　なると、さくらが　さそいます。
3　雨が　ふったら、かさを　さそいます。
4　ジョンさんを　サッカーに　さそいます。

필승합격 모의고사 제1회　　　　　　　　　　　　　問題用紙

N4
言語知識（文法）・読解
（60分）

注意
Notes

1. 試験が始まるまで、この問題用紙を開けないでください。
   Do not open this question booklet until the test begins.

2. この問題用紙を持って帰ることはできません。
   Do not take this question booklet with you after the test.

3. 受験番号と名前を下の欄に、受験票と同じように書いてください。
   Write your examinee registration number and name clearly in each box below as written on your test voucher.

4. この問題用紙は、全部で14ページあります。
   This question booklet has 14 pages.

5. 問題には解答番号の 1 、 2 、 3 … があります。
   解答は、解答用紙にある同じ番号のところにマークしてください。
   One of the row numbers 1, 2, 3 … is given for each question. Mark your answer in the same row of the answer sheet.

受験番号　Examinee Registration Number

名前　Name

もんだい1 （　　）に 何を 入れますか。1・2・3・4から いちばん
　　　　　いい ものを 一つ えらんで ください。

(例) あした 京都（　　） 行きます。
　　　1 を　　　2 へ　　　3 と　　　4 の

(解答用紙)　

1 「おいしい」は ベトナム語（　　） なんと 言いますか。
　　1 を　　　　　2 で　　　　　3 から　　　　4 に

2 （コンビニで）
　田中「すみません、ガムを 買いたいんですが…。」
　店員「ガム（　　）、あそこに おいて ありますよ。」
　　1 より　　　　2 なら　　　　3 と　　　　　4 まで

3 あの人は 来ると 言った（　　）、来ませんでした。
　　1 ので　　　　2 のに　　　　3 のは　　　　4 のを

4 去年は あまり 旅行に 行けなかったので、今年は たくさん（　　）と
　思って います。
　　1 行く　　　　2 行け　　　　3 行こう　　　4 行けば

5 ひらがな（　　） 書く ことが できます。
　　1 だけ　　　　2 が　　　　　3 しか　　　　4 まで

6 みんなで テレビ（　　） 見ましょう。
　　1 でも　　　　2 まで　　　　3 ほど　　　　4 より

7 山下さんは あした もどる（　　）です。
1 だけ　　2 はず　　3 から　　4 なら

8 家族の 写真ですか。お姉さん、きれいで（　　）人ですね。
1 やさしい　　2 やさしかった　　3 やさしいそうな　　4 やさしそうな

9 この おかしは 小さくて、食べ（　　）です。
1 ない　　2 たい　　3 やすい　　4 よう

10 風邪を 引いたら、くすりを 飲んで はやく（　　）です。
1 ねたほうが いい
2 ねないほうが いい
3 ねるつもり
4 ねないつもり

11 A「どうしたんですか。顔色が 悪いですね。」
B「じつは きのう 先輩に たくさん お酒を（　　）。」
1 飲んで もらったんです
2 飲ませたんです
3 飲まれたんです
4 飲まされたんです

12 あしたは いい 天気に（　　）ね。
1 なると いいです
2 なったほうが いいです
3 しか なりません
4 なったかもしれません

13 きのうは レポートを（　　）、ありがとうございました。
1 手伝ったので
2 手伝って くれて
3 手伝ったら
4 手伝って あげて

14 休みの 日は、散歩を（　　）、ゲームを（　　）します。
1 して、して
2 しよう、しよう
3 しながら、しながら
4 したり、したり

15 A「もう この 資料を 読みましたか。」
B「いいえ、まだ（　　）。」
1 読みません
2 読みませんでした
3 読んで いません
4 読んで いませんでした

もんだい2　_★_に　入る　ものは　どれですか。1・2・3・4から　いちばん
　　　　　いい　ものを　一つ　えらんで　ください。

（問題例）

　　本は＿＿＿　＿＿＿　_★_　＿＿＿　あります。
　　　　1　の　　　2　に　　　3　上　　　4　つくえ

（答え方）

1. 正しい　文を　作ります。

　　　本は＿＿＿　＿＿＿　_★_　＿＿＿　あります。
　　　　　4　つくえ　　1　の　　3　上　　2　に

2. _★_に　入る　番号を　黒く　塗ります。

　　（解答用紙）　（例）　①　②　●　④

16　電気を　＿＿＿　＿＿＿　_★_　＿＿＿　出かけて　しまいました。
　　1　まま　　　　2　けさないで　　　3　あけた　　　　4　かぎを

17　あとで　すてるから、＿＿＿　＿＿＿　_★_　＿＿＿　。
　　1　おいて　　　2　あつめて　　　3　ください　　　　4　ごみを

18　家を　＿＿＿　＿＿＿　_★_　＿＿＿、急に　雨が　ふって　きました。
　　1　出よう　　　2　した　　　3　ときに　　　　4　と

19 A「あした、温泉に 行きませんか。」
　　B「いいですね。＿＿＿＿ ＿＿＿＿ ★＿＿ ＿＿＿＿。」
　　1　いって　　2　弟も　　3　いいですか　　4　つれて

20 私は 父 ＿＿＿＿ ＿＿＿＿ ＿＿＿＿ ★＿＿ ほしいと 思って います。
　　1　を　　2　に　　3　お酒　　4　やめて

もんだい3 21 から 25 に 何を 入れますか。文章の 意味を 考えて、1・2・3・4から いちばん いい ものを 一つ えらんで ください。

下の 文章は 留学生が 書いた 作文です。

おばあちゃんの ケーキ

マリア

　私の おばあちゃんは 80歳です。今は となりの 町に 住んで います。おばあちゃんは とても やさしくて、ケーキを 作るの 21 とても 上手です。私は おばあちゃんが 作る ケーキが いちばん おいしいと 思います。

　しかし、最近 おばあちゃんは あまり ケーキを 22 。2年前に 病気に なったからです。 23 、私は おばあちゃんに ケーキの 作り方を 教えて もらいました。

　難しかったですが、たくさん ケーキを 作る 練習を しました。それで 今は おばあちゃんの ように、おいしい ケーキが 24 。おいしい ケーキができる 25 、とても うれしいです。これからも おばあちゃんに 元気で いて ほしいです。

21
1 が　　　　2 を　　　　3 に　　　　4 と

22
1 作って　あげません　　　　2 作った　ことが　ありません
3 作らなく　なりました　　　4 作らなくて　いいです

23
1 そんなに　　2 たとえば　　3 けれども　　4 だから

24
1 作れるように　なりました　　2 作る　ことに　しました
3 作りおわりました　　　　　　4 作らせられました

25
1 のに　　　　2 と　　　　3 の　　　　4 より

もんだい4　つぎの(1)から(4)の文章を読んで、質問に答えてください。答えは、1・2・3・4から、いちばんいいものを一つえらんでください。

(1)
夏まつりのお知らせが教室にあります。

~たのしい夏まつり~

日時：7月15日（土）

15時～20時

場所：あおば公園

夏まつりに行く人は、14時に駅に集まってください。公園に自転車をおく場所がありませんから、電車などを使ってください。

雨がふったら、夏まつりは7月22日（土）になります。

あおば日本語学校

7月1日

26 夏まつりに行きたい人は、どうしなければなりませんか。
1　7月15日の15時に自転車で公園に行きます。
2　7月15日の14時に駅に行ってから、公園に行きます。
3　7月15日の14時に公園に行ってから、駅に行きます。
4　7月22日の15時に駅に行ってから、公園に行きます。

(2)
　私の家はいなかにあります。デパートや映画館がある町まで、車で2時間くらいかかりますし、おしゃれなお店やレストランもあまりありません。だから、子どものとき、私はいなかが好きではありませんでした。でも、大人になって、このいなかが少しずつ好きになってきました。いなかにはいいところがたくさんあることに気がついたからです。いなかは町ほど便利じゃないですが、静かだし、水や野菜もとてもおいしいです。私はいなかが大好きです。

27 この人はどうしていなかが好きになりましたか。
1　デパートや映画館がある町まで車で行けるから
2　おしゃれなお店やレストランがあるから
3　いなかにはいいところがたくさんあるから
4　町よりも静かで便利だから

(3)
図書館の入り口に、お知らせがあります。

図書館を利用される方へ

- 読み終わった本は、受付に渡してください。

- 机やいすを使ったら、必ず片付けてください。ゴミは持って帰ってください。

- 本をコピーするときは、受付に言ってから、コピーをしてください。

- 図書館の中で、次のことをしないでください。

    ・ 食べたり飲んだりすること

    ・ 写真を撮ること

さくら大学図書館

---

28 このお知らせから、図書館についてわかることは何ですか。
1 本を読み終わったら、片付けなければいけません。
2 ゴミを捨てることはできません。
3 本をコピーしてはいけません。
4 写真を撮ってもいいです。

(4)

これは田中さんがキムさんに送ったメールです。

===

キムさん

こんにちは。

今、キムさんは韓国にいると聞きました。私は23日から27日まで、韓国に行こうと思っています。もし、キムさんの都合がよかったら、夜にいっしょに食事でもしませんか。キムさんが食事に行ける日を教えてくれたら、私がレストランを予約しておきます。韓国でキムさんに会えるのを、とても楽しみにしています。

田中

===

29 キムさんは田中さんに何を知らせますか。

1　今、韓国にいるかどうか
2　23日から27日まで韓国に行けるかどうか
3　夜いっしょに食事できる日はいつか
4　レストランを予約するかどうか

もんだい5 つぎの文章を読んで、質問に答えてください。答えは、
1・2・3・4から、いちばんいいものを一つえらんでください。

これは留学生が書いた作文です。

　　私は2年前に日本に来ました。日本は、コンビニやスーパーがたくさんあって便利だし、とても生活しやすい国だと思いました。
　でも、①残念なことがあります。それは、ゴミがとても多いことです。町の中を歩いていると、ゴミはほとんどなくて、どこもきれいですが、日本で生活していると、たくさんゴミが出ます。例えば、おかしを買ったとき、おかしの箱を開けたら、おかしが一つひとつビニールの袋に入っていました。一つおかしを食べると、ゴミが一つ増えてしまいます。この前、スーパーでトマトを買ったら、プラスチックの入れ物にトマトがおいてあって、ビニールでつつんでありました。家に帰って、料理をすると、プラスチックの入れ物も、ビニールも、全部ゴミになります。だから、②私の家のゴミ箱はすぐにプラスチックのゴミでいっぱいになってしまいます。
　③確かにそうすると、おかしやトマトはきれいだし、1人で生活する人に便利です。でも、私はおかしやトマトを一つひとつビニールの袋に入れたり、プラスチックの入れ物に入れたりする必要はないと思います。プラスチックやビニールの袋を使わなかったら、（　　　）。

30 この人は何が①残念なことだと思っていますか。
1 コンビニやスーパーがたくさんあって便利なこと
2 町にゴミがとても多いこと
3 町の中にゴミがほとんどないこと
4 生活していると、ゴミがたくさん出ること

31 なぜ②私の家のゴミ箱はすぐにプラスチックのゴミでいっぱいになってしまいますか。
1 町の中には、ゴミがほとんどないから。
2 プラスチックやビニールがたくさん使われているから。
3 家に帰って、自分で料理を作るから。
4 おかしを食べすぎてしまうから。

32 ③そうするとは何のことですか。
1 町の中にはゴミがほとんどなくても、家の中にゴミがたくさんあること
2 料理するとき、プラスチックの入れ物やビニールをすてること
3 おかしやトマトを買って、自分で料理を作ること
4 おかしやトマトを一つひとつビニールやプラスチックでつつむこと

33 （　　　）に入れるのに、いちばんいい文はどれですか。
1 ゴミは減るはずです。
2 みんな困ると思います。
3 使いにくくなります。
4 きれいにしなければいけません。

もんだい6　右のページを見て、下の質問に答えてください。答えは、
　　　　　1・2・3・4から、いちばんいいものを一つえらんでください。

34 アンナさんは、「わくわくカルチャーセンター」の教室に参加したいと思っています。
アンナさんは学校に行かなければいけないので、カルチャーセンターに行けるのは、18時からか、土曜日だけです。アンナさんが行ける教室は、どれですか。

1　①と⑥
2　②と④
3　③と⑤
4　①と④

35 バスケットボールをしたい人は、バスケットボール教室が終わったら、何をしなければなりませんか。
1　体育館をそうじする。
2　受付にお金を払う。
3　受付で名前と電話番号を書く
4　カルチャーセンターに電話する

わくわくカルチャーセンター

5月は、6つの教室があります。
先生がやさしく教えてくれるので、初めての人も心配しないでください。

☆5月のスケジュール

	料金※1	場所	持ち物	時間
①バスケットボール※2	無料	体育館	飲み物 タオル	月曜日 18:00～19:30 金曜日 19:00～20:30
②水泳	500円	プール	水着・タオル 水泳帽子	木曜日 10:00～11:00 17:00～18:00
③茶道	100円	和室	なし	火曜日 10:00～11:30
④パン作り	300円	調理室	エプロン タオル	土曜日 10:00～12:00
⑤ピアノ	100円	教室1	なし	木曜日 17:00～18:00
⑥ギター	無料	教室2	なし	水曜日 10:00～12:00 14:00～15:00

※1 料金はそれぞれの教室の先生に払ってください。
※2 バスケットボールをしたあとは、必ず体育館をそうじしてください。

　初めてわくわくカルチャーセンターに参加する人は、受付で名前と電話番号を書いてください。
　教室を休むときは、下の電話番号に電話してください。

わくわくカルチャーセンター　電話：0121-000-0000

필승합격 모의고사　제1회　　　　　　　　　　　　　問題用紙

N4
聴解
（35分）

注　意
Notes

1. 試験が始まるまで、この問題用紙を開けないでください。
   Do not open this question booklet until the test begins.

2. この問題用紙を持って帰ることはできません。
   Do not take this question booklet with you after the test.

3. 受験番号と名前を下の欄に、受験票と同じように書いてください。
   Write your examinee registration number and name clearly in each box below as written on your test voucher.

4. この問題用紙は、全部で15ページあります。
   This question booklet has 15 pages.

5. この問題用紙にメモをとってもいいです。
   You may make notes in this question booklet.

受験番号　Examinee Registration Number	
名前　Name	

もんだい1 🔊 N4_1_02

もんだい1では、まず しつもんを 聞いて ください。それから 話を 聞いて、もんだいようしの 1から4の 中から、いちばん いい ものを 一つ えらんで ください。

れい 🔊 N4_1_03

1 ゆうびんきょくの 前で まつ
2 ちゃいろい ビルの 中に 入る
3 コンビニで 買いものを する
4 しんごうを わたる

1ばん 🔊 N4_1_04

2ばん 🔊 N4_1_05

1 ア イ
2 イ ウ
3 ウ エ
4 ア エ

3ばん 🔊 N4_1_06

1 けんきゅうしつの 前の はこに 入れる
2 メールで おくる
3 先生に ちょくせつ わたす
4 先生に そうだんする

4ばん 🔊 N4_1_07

5ばん 🔊 N4_1_08

6ばん 🔊 N4_1_09

1　きょう　7時
2　あした　6時
3　あした　8時
4　あさって　6時

7ばん 🔊 N4_1_10

1

2

3

4

8ばん 🔊 N4_1_11

1 もって かえって、月よう日に 出す
2 もって かえって、火よう日に 出す
3 ゴミ捨て場に おいたままに する
4 女の人に わたす

もんだい2 🔊 N4_1_12

　もんだい2では、まず　しつもんを　聞いて　ください。そのあと、もんだいようしを　見て　ください。読む　時間が　あります。それから　話を　聞いて、もんだいようしの　1から4の　中から、いちばん　いい　ものを　一つ　えらんで　ください。

れい　🔊 N4_1_13

1　ピンクの　きもの
2　くろい　きもの
3　ピンクの　ドレス
4　くろい　ドレス

1ばん　N4_1_14

1　よる　ねるのが　おそいから
2　あさ　はやく　おきられないから
3　あさから　テレビを　見て　いるから
4　あさ　犬と　さんぽに　行くから

2ばん　N4_1_15

1　たった今　ごはんを　食べて　きたところ
2　レポートが　おわってから、ごはんを　食べに　行く
3　今から　ごはんを　食べに　行く
4　もう　すこし　してから、ごはんを　食べに　行く

3ばん 🔊 N4_1_16

1 おなかが いたいから
2 テストを うけるのが いやだから
3 かみを みじかく 切(き)りすぎたから
4 かぜを ひいたから

4ばん 🔊 N4_1_17

1 大(おお)きい こえで 話(はな)す こと
2 本(ほん)を コピーする こと
3 パソコンを 使(つか)う こと
4 ジュースを 飲(の)む こと

5ばん 🔊 N4_1_18
1 だいがくいんに 行く
2 りょうりの がっこうに 行く
3 かいがいに 行く
4 じぶんの おみせを ひらく

6ばん 🔊 N4_1_19
1 3時
2 3時30分
3 4時
4 べつの 日

7ばん 🔊 N4_1_20

1　花(はな)の　えの　シャツ
2　花(はな)と　ねこの　えの　シャツ
3　ねこの　えの　シャツ
4　ねこと　リボンの　えの　シャツ

もんだい3 🔊 N4_1_21

もんだい3では、えを 見ながら しつもんを 聞いて ください。→（やじるし）の 人は 何と 言いますか。1から3の 中から、いちばん いい ものを 一つ えらんで ください。

れい 🔊 N4_1_22

1ばん 🔊 N4_1_23

2ばん 🔊 N4_1_24

3ばん　N4_1_25

4ばん　N4_1_26

5ばん 🔊 N4_1_27

もんだい4 🔊 N4_1_28

　もんだい4では、えなどが ありません。まず ぶんを 聞いて ください。それから、その へんじを 聞いて、1から3の 中から、いちばん いい ものを 一つ えらんで ください。

れい　🔊 N4_1_29

1ばん　🔊 N4_1_30

2ばん　🔊 N4_1_31

3ばん　🔊 N4_1_32

4ばん　🔊 N4_1_33

5ばん　🔊 N4_1_34

6ばん　🔊 N4_1_35

7ばん　🔊 N4_1_36

8ばん　🔊 N4_1_37

N4 げんごちしき (もじ・ごい) 第1回

필승합격 모의고사 해답용지

じゅけんばんごう / Examinee Registration Number

なまえ / Name

〈ちゅうい Notes〉

1. くろいえんぴつ (HB、No.2) でかいて ください。
   Use a black medium soft (HB or No.2) pencil.
   (ペンやボールペンではかかないでください。)
   (Do not use any kind of pen.)
2. かきなおすときは、けしゴムできれいにけしてください。
   Erase any unintended marks completely.
3. きたなくしたり、おったりしないでください。
   Do not soil or bend this sheet.
4. マークれい Marking Examples

よいれい Correct Example	わるいれい Incorrect Examples
●	⊗ ○ ◇ ○ ⊘ ◐ ●

もんだい1

1	①	②	③	④
2	①	②	③	④
3	①	②	③	④
4	①	②	③	④
5	①	②	③	④
6	①	②	③	④
7	①	②	③	④
8	①	②	③	④
9	①	②	③	④

もんだい2

10	①	②	③	④
11	①	②	③	④
12	①	②	③	④
13	①	②	③	④
14	①	②	③	④
15	①	②	③	④

もんだい3

16	①	②	③	④
17	①	②	③	④
18	①	②	③	④
19	①	②	③	④
20	①	②	③	④
21	①	②	③	④
22	①	②	③	④
23	①	②	③	④
24	①	②	③	④
25	①	②	③	④

もんだい4

26	①	②	③	④
27	①	②	③	④
28	①	②	③	④
29	①	②	③	④
30	①	②	③	④

もんだい5

31	①	②	③	④
32	①	②	③	④
33	①	②	③	④
34	①	②	③	④
35	①	②	③	④

N4 げんごちしき(ぶんぽう)・どっかい

第1回

じゅけんばんごう Examinee Registration Number

なまえ Name

〈ちゅうい Notes〉

1. くろいえんぴつ (HB、No.2) でかいてください。
   Use a black medium soft (HB or No.2) pencil.
   (ペンやボールペンではかかないでください。)
   (Do not use any kind of pen.)
2. かきなおすときは、けしゴムできれいにけしてください。
   Erase any unintended marks completely.
3. きたなくしたり、おったりしないでください。
   Do not soil or bend this sheet.
4. マークれい Marking Examples

よいれい Correct Example	わるいれい Incorrect Examples
●	◯ ◍ ◑ ◐ ⊘ ⊗

もんだい1

1	①	②	③	④
2	①	②	③	④
3	①	②	③	④
4	①	②	③	④
5	①	②	③	④
6	①	②	③	④
7	①	②	③	④
8	①	②	③	④
9	①	②	③	④
10	①	②	③	④
11	①	②	③	④
12	①	②	③	④
13	①	②	③	④
14	①	②	③	④
15	①	②	③	④

もんだい2

16	①	②	③	④
17	①	②	③	④
18	①	②	③	④
19	①	②	③	④
20	①	②	③	④

もんだい3

21	①	②	③	④
22	①	②	③	④
23	①	②	③	④
24	①	②	③	④
25	①	②	③	④

もんだい4

26	①	②	③	④
27	①	②	③	④
28	①	②	③	④
29	①	②	③	④

もんだい5

30	①	②	③	④
31	①	②	③	④
32	①	②	③	④
33	①	②	③	④

もんだい6

34	①	②	③	④
35	①	②	③	④

N4 ちょうかい 第1回

필승합격 모의고사 해답용지

じゅけんばんごう / Examinee Registration Number

なまえ / Name

〈ちゅうい Notes〉

1. くろいえんぴつ (HB、No.2) でかいてください。
   Use a black medium soft (HB or No.2) pencil.
   (ペンやボールペンではかかないでください。)
   (Do not use any kind of pen.)
2. かきなおすときは、けしゴムできれいにけしてください。
   Erase any unintended marks completely.
3. きたなくしたり、おったりしないでください。
   Do not soil or bend this sheet.
4. マークれい Marking Examples

よいれい Correct Example	わるいれい Incorrect Examples
●	⊗ ○ ◎ ① ⊖ ◐

もんだい1

れい	①	②	③	●
1	①	②	③	④
2	①	②	③	④
3	①	②	③	④
4	①	②	③	④
5	①	②	③	④
6	①	②	③	④
7	①	②	③	④
8	①	②	③	④

もんだい2

れい	①	②	●	④
1	①	②	③	④
2	①	②	③	④
3	①	②	③	④
4	①	②	③	④
5	①	②	③	④
6	①	②	③	④
7	①	②	③	④

もんだい3

れい	●	②	③
1	①	②	③
2	①	②	③
3	①	②	③
4	①	②	③
5	①	②	③

もんだい4

れい	●	②	③
1	①	②	③
2	①	②	③
3	①	②	③
4	①	②	③
5	①	②	③
6	①	②	③
7	①	②	③
8	①	②	③

필승합격일본어능력시험
N4 모의고사

제2회

음성파일과 채점표

필승합격 모의고사 제2회　　　　　　　　　　　　もんだいようし

N4
げんごちしき（もじ・ごい）
（30ぷん）

ちゅうい
Notes

1. しけんが はじまるまで、この もんだいようしを あけないで ください。
   Do not open this question booklet until the test begins.

2. この もんだいようしを もって かえる ことは できません。
   Do not take this question booklet with you after the test.

3. じゅけんばんごうと なまえを したの らんに、じゅけんひょうと おなじように かいて ください。
   Write your examinee registration number and name clearly in each box below as written on your test voucher.

4. この もんだいようしは、ぜんぶで 9ページ あります。
   This question booklet has 9 pages.

5. もんだいには かいとうばんごうの 1 、 2 、 3 … が あります。かいとうは、かいとうようしに ある おなじ ばんごうの ところに マークして ください。
   One of the row numbers 1 , 2 , 3 … is given for each question. Mark your answer in the same row of the answer sheet.

じゅけんばんごう　Examinee Registration Number	
なまえ　Name	

もんだい1 ＿＿＿の ことばは ひらがなで どう かきますか。
1・2・3・4から いちばん いい ものを ひとつ えらんで ください。

(れい) この りんごが とても 甘いです。
　　　1 あかい　　2 あまい　　3 あおい　　4 あらい

(かいとうようし)　| (れい) | ① ● ③ ④ |

1 ぬいだ 上着を ここに かけて ください。
　　1 うえき　　2 うわき　　3 うわぎ　　4 じょうちゃく

2 もっと 強く おして ください。
　　1 たかく　　2 ひくく　　3 つよく　　4 よわく

3 すみません、切手を 1まい ください。
　　1 きて　　2 きって　　3 きっぷ　　4 きぷ

4 友だちに 地図を かいて もらいました。
　　1 ちと　　2 じと　　3 じず　　4 ちず

5 えきまで 走って いきます。
　　1 そうって　　2 あるって　　3 はしって　　4 のぼって

6 きのう、ゆうめいな パン屋へ 行きました。
　　1 や　　2 う　　3 てん　　4 みせ

7 テレビの 音が 聞こえません。
　　1 おと　　2 こえ　　3 うた　　4 きょく

8 <u>用事</u>が あって パーティーに 行けません。
　　1　しごと　　　2　ようごと　　　3　ようす　　　4　ようじ

9 あなたの <u>意見</u>が 聞きたいです。
　　1　いけん　　　2　いみ　　　3　いし　　　4　いじょう

もんだい2 ＿＿＿の ことばは どう かきますか。1・2・3・4から
いちばん いい ものを ひとつ えらんで ください。

(れい) つくえの うえに ねこが います。
　　　　1 上　　2 下　　3 左　　4 右

(かいとうようし)　| (れい) | ● ② ③ ④ |

10 わたしは ピアノを ならいたいです。
　　1 七い　　　　2 翌い　　　　3 習い　　　　4 学い

11 ちこくした りゆうを おしえて ください。
　　1 理由　　　　2 自由　　　　3 理用　　　　4 事由

12 オウさんは にほんごの はつおんが きれいです。
　　1 元音　　　　2 発意　　　　3 完音　　　　4 発音

13 雨で、しあいが ちゅうしに なりました。
　　1 王正　　　　2 王止　　　　3 中正　　　　4 中止

14 あの とりは きれいな こえで なきます。
　　1 書　　　　　2 島　　　　　3 鳥　　　　　4 事

15 たんじょうびに、父から とけいを もらいました。
　　1 時計　　　　2 詩計　　　　3 時訂　　　　4 詩訂

もんだい3　（　　）に　なにを　いれますか。1・2・3・4から　いちばん　いい　ものを　ひとつ　えらんで　ください。

(れい) この　おかしは　（　　）　おいしくないです。
　　　1　とても　　2　すこし　　3　あまり　　4　しょうしょう

(かいとうようし)　　(れい)　① ② ● ④

16　こうえんに　人が　たくさん　（　　）　います。
　　1　とまって　　2　きまって　　3　あつまって　　4　あつめて

17　まいばん、じゅぎょうの　（　　）を　します。
　　1　よてい　　2　よやく　　3　よしゅう　　4　やくそく

18　はじめて　会う　人と　話す　ときは、（　　）な　ことばを　つかいましょう。
　　1　ていねい　　2　ふつう　　3　きゅう　　4　ゆっくり

19　やすみの　日は、よく　（　　）を　読みます。
　　1　えいが　　2　テレビ　　3　しょうせつ　　4　ゲーム

20　つかいかたが　わかる　人は　（　　）　いません。
　　1　だれも　　2　だれか　　3　だれの　　4　だれと

21　父は　やさいを　（　　）　います。
　　1　よんで　　2　うんで　　3　あそんで　　4　そだてて

22　あしたの　パーティーの　（　　）を　しましょう。
　　1　しあい　　2　ようい　　3　ようじ　　4　しょうかい

23 わたしが （　　） コーヒーは おいしいです。
 1　した　　　　　2　いれた　　　　3　たてた　　　　4　やいた

24 その 日は つごうが わるいので、（　　）の 日が いいです。
 1　とき　　　　　2　いい　　　　　3　べつ　　　　　4　いつ

25 （　　） いしゃに なりたいです。
 1　いつ　　　　　2　いつか　　　　3　いつでも　　　4　いつごろ

もんだい4 ＿＿＿の ぶんと だいたい おなじ いみの ぶんが あります。
1・2・3・4から いちばん いい ものを ひとつ えらんで
ください。

(れい) この へやは きんえんです。
　　　1　この へやは たばこを すっては いけません。
　　　2　この へやは たばこを すっても いいです。
　　　3　この へやは たばこを すわなければ いけません。
　　　4　この へやは たばこを すわなくても いいです。

(かいとうようし)　(れい)　●　②　③　④

26 りんごは いちごほど すきではありません。
　　1　りんごも いちごも きらいです。
　　2　りんごは きらいですが、いちごは すきです。
　　3　いちごより りんごの ほうが すきです。
　　4　りんごより いちごの ほうが すきです。

27 わたしは びょういんに つとめて います。
　　1　わたしは びょういんで はたらいて います。
　　2　わたしは びょういんに かよって います。
　　3　わたしは びょういんで まって います。
　　4　わたしは びょういんに むかって います。

28 この えの しゃしんを とらせて ください。
　　1　この えの しゃしんを とりたいです。
　　2　この えの しゃしんを とって もらいたいです。
　　3　この えの しゃしんを とって ほしいです。
　　4　この えの しゃしんを とらないで ほしいです。

29 こちらを　ごらんに　なりますか。
1　これを　聞きますか。
2　これを　見ますか。
3　これを　食べますか。
4　これを　飲みますか。

30 しゅくだいを　して　いる　ところです。
1　しゅくだいが　おわりました。
2　しゅくだいを　かならず　します。
3　しゅくだいを　いまから　します。
4　しゅくだいを　して　います。

もんだい5 つぎの ことばの つかいかたで いちばん いい ものを
1・2・3・4から ひとつ えらんで ください。

(れい) こたえる
1 かんじを 大きく こたえて ください。
2 本を たくさん こたえて ください。
3 わたしの はなしを よく こたえて ください。
4 先生の しつもんに ちゃんと こたえて ください。

(かいとうようし)　(れい)　① ② ③ ●

[31] 聞こえる
1 先生の じゅぎょうを 聞こえます。
2 となりの へやから こえが 聞こえます。
3 わたしの はなしを 聞こえて ください。
4 いっしょに ラジオを 聞こえましょう。

[32] おたく
1 あした おたくに うかがっても いいですか。
2 わたしの おたくは とても きれいです。
3 あした おたくが とどきますか。
4 あたらしい おたくを さがして います。

[33] さわぐ
1 でんしゃの 中で さわがないで ください。
2 デパートで シャツを さわぎます。
3 この ポスターを かべに さわいで ください。
4 この ビルは 10ねんまえに さわがれました。

34 デート

1 ぼうねんかいの デートは 12月23日です。

2 ぼうねんかいに さんかできるか どうか、デートで かくにんします。

3 デートを もういちど チェックします。

4 ぼくは かのじょと こうえんで デートを しました。

35 せわ

1 わからなかったので、もういちど せわを して ください。

2 兄は どうぶつの せわを するのが すきです。

3 子どもたちは こうえんで せわを して います。

4 きょうから あたらしい かいしゃで せわします。

필승합격 모의고사 　第2回　　　　　　　　　　問題用紙

N4
言語知識（文法）・読解
（60分）

注　意
Notes

1. 試験が始まるまで、この問題用紙を開けないでください。
   Do not open this question booklet until the test begins.

2. この問題用紙を持って帰ることはできません。
   Do not take this question booklet with you after the test.

3. 受験番号と名前を下の欄に、受験票と同じように書いてください。
   Write your examinee registration number and name clearly in each box below as written on your test voucher.

4. この問題用紙は、全部で14ページあります。
   This question booklet has 14 pages.

5. 問題には解答番号の 1 、 2 、 3 … があります。
   解答は、解答用紙にある同じ番号のところにマークしてください。
   One of the row numbers 1 , 2 , 3 … is given for each question. Mark your answer in the same row of the answer sheet.

受験番号　Examinee Registration Number	
名前　Name	

もんだい1　（　　）に　何を　入れますか。1・2・3・4から　いちばん
　　　　　いい　ものを　一つ　えらんで　ください。

(例) あした　京都（　　）行きます。
　　　1　を　　2　へ　　3　と　　4　の

(解答用紙)　(例)　① ● ③ ④

1　日曜日は　家で　勉強して　いますが、友だちと　（　　）　ことも　あります。
　　1　出かけ　　　2　出かける　　3　出かけない　　4　出かけた

2　先生に　日本語を　教えて　（　　）。
　　1　いただきました　　　　2　まいりました
　　3　くださいました　　　　4　さしあげました

3　この　本は　字が　大きいですから、目が　悪い　人（　　）　読めます。
　　1　でも　　2　だけ　　3　より　　4　なら

4　A「少し　疲れましたね。」
　　B「じゃあ、きゅうけい（　　）　しましょうか。」
　　1　へ　　2　か　　3　で　　4　に

5　妹は　おかしを　見ると、いつも　食べ（　　）。
　　1　ほしい　　2　てほしい　　3　たい　　4　たがる

6　はやく　みなさんの　役に　立てる（　　）　がんばります。
　　1　ために　　2　までに　　3　ように　　4　ことに

7　A「いつ　出かけますか。」
　　B「シャワーを　あびた（　　）、出かけます。」
　　1　とき　　2　から　　3　まえに　　4　あとで

⑧ ぼうしを （　　）まま、お寺の 中に 入っては いけません。
　1　かぶる　　　2　かぶって　　3　かぶり　　　　4　かぶった

⑨ この 部屋は いまから 使うので、電気を つけて （　　） ください。
　1　あって　　　2　おいて　　　3　みて　　　　　4　いて

⑩ おなかが いたくて、朝から 何も （　　） いた。
　1　食べられて　2　食べなくて　3　食べて　　　　4　食べないで

⑪ 教室に 着いたら、じゅぎょうが （　　）。
　1　はじまって いました　　　　2　はじめて います
　3　はじまります　　　　　　　　4　はじめました

⑫ 夜 おそい 時間に 家に 帰って、父を （　　）。
　1　おこらせました　　　　　　　2　おこられました
　3　おこって もらいました　　　 4　おこって くれました

⑬ 先週 かした 本を 返して （　　）。
　1　しませんか　　　　　　　　　2　ありませんか
　3　あげませんか　　　　　　　　4　もらえませんか

⑭ 10年（　　） 続いた せんそうが とうとう 終わった。
　1　は　　　　　2　で　　　　　3　も　　　　　　4　に

⑮ 子どもの しょうらいを 考えて、夏休み中でも （　　）。
　1　勉強して います　　　　　　2　勉強させて います
　3　勉強させました　　　　　　　4　勉強しました

もんだい2 ＿★＿に 入る ものは どれですか。1・2・3・4から いちばん いい ものを 一つ えらんで ください。

(問題例)

本は ＿＿＿ ＿＿＿ ★ ＿＿＿ あります。
　1　の　　　2　に　　　3　上　　　4　つくえ

(答え方)

1. 正しい 文を 作ります。

> 本は ＿＿＿ ＿＿＿ ★ ＿＿＿ あります。
> 　4　つくえ　1　の　3　上　2　に

2. ＿★＿に 入る 番号を 黒く 塗ります。

(解答用紙)　

16　田中「山下くん、元気が ないね。どうしたの？」
　　山下「じつは、＿＿＿ ＿＿＿ ＿＿＿ ★ と 言われたんだ。」
　　1　に　　　2　くれ　　　3　別れて　　　4　彼女

17　今日は ＿＿＿ ＿＿＿ ★ ＿＿＿ どうですか。
　　1　手ぶくろを　2　から　　3　したら　　4　さむい

18　ここで タバコを ＿＿＿ ＿＿＿ ＿＿＿ ★ 知って いますよね。
　　1　いけない　2　吸っては　3　ことを　　4　という

19 A「田中さんは もう もどって きましたか。」
　B「ちょっと ＿＿＿ ★ ＿＿＿ ＿＿＿ きます。」
　1 見に　　　2 行って　　　3 部屋　　　4 まで

20 日本語を ★ ＿＿＿ ＿＿＿ ＿＿＿ は ありますか。
　1 話す　　　2 たくさん　　3 クラス　　　4 ことが できる

もんだい3　[21]から[25]に　何を　入れますか。文章の　意味を　考えて、1・2・3・4から　いちばん　いい　ものを　一つ　えらんで　ください。

下の　文章は　留学生が　書いた　作文です。

日本の　夏

アメリア・テイラー

　私が　一番　好きな　きせつ[21]夏です。日本の　夏は　6月から　はじまります。6月は　「梅雨」と　言って　ずっと　雨[22]ふって　います。でも、雨が　ふらないと、野菜や　お米が　大きく　ならないので、「梅雨」は　とても　大切です。「梅雨」は　7月で　終わります。

　7月に　なると、夏休みが　はじまるので、子どもたちは　学校に　[23]。子どもたちは　友だちと　[24]、プールへ　行ったり、宿題を　したりします。

　8月は　一番　暑い　月です。13日から　15日まで、「お盆休み」に　なります。「お盆休み」には、旅行や、遠くに　住んで　いる　おじいちゃん　おばあちゃんの　家に　行く　人が　多いです。日本の　夏は　暑いですが、海や　プール、花火大会、おまつりなど、おもしろい　ことが　たくさん　あります。[25]　私は　夏が　大好きです。

21
1 で　　　　2 に　　　　3 は　　　　4 と

22
1 しか　　　2 ばかり　　3 より　　　4 まで

23
1 行かなくても　いいです　　2 行かなくては　なりません
3 行きたがります　　　　　　4 行く　ことに　なります

24
1 遊ぶなら　2 遊べば　　3 遊んだら　4 遊んだり

25
1 だけど　　2 だから　　3 それに　　4 もし

もんだい4 つぎの(1)から(4)の文章を読んで、質問に答えてください。答えは、1・2・3・4から、いちばんいいものを一つえらんでください。

(1)
美花さんが学校から帰ってきたら、つくえの上に、このメモが置いてありました。

美花へ

　買いものに行ってきます。冷蔵庫の中に、ぶどうが入っているので、宿題が終わったら食べてください。ぶどうは、おばあちゃんが送ってくれました。あとで、いっしょにおばあちゃんに電話をかけましょう。

お母さんより

---

26 美花さんは、まず何をしなければなりませんか。

1　買いものに行く。
2　ぶどうを食べる。
3　宿題をする。
4　おばあちゃんに電話をかける。

(2)
　この前、友だちと一緒にラーメンを食べに行きました。ラーメンを食べようとしたとき、友だちが「ちょっと待って！　まだ食べないで！」と言って、ラーメンの写真をたくさん撮っていました。友だちが写真を撮り終わったときには、温かいラーメンが冷めてしまって、おいしくなくなってしまいました。最近、ごはんを食べる前に写真を撮る人が増えてきました。私は、料理は一番おいしいときに食べるべきだと思うので、そういうことをしないでほしいと思います。

27 そういうこととはどんなことですか。
　1　友だちと一緒にごはんを食べに行くこと
　2　料理が冷めて、おいしくなくなってしまったこと
　3　食べる前に料理の写真を撮ること
　4　一番おいしいときに料理を食べること

(3)
インターネットで買い物をしています。

【インターネットで買われるお客様へ】

- 送料は200円です。3,000円以上買うと、送料はかかりません。
- 注文してから3日後に商品をお届けできます。
- 注文した次の日にお届けするサービスをご利用される場合は、300円かかります。
- メッセージカードをつける場合は、100円かかります。
- 商品のキャンセルはできません。

---

28 友だちにプレゼントするため、2,500円のシャツを買うことにしました。あさってには届けたいです。メッセージカードもつけようと思っています。いくらになりますか。

1 2,600円
2 2,800円
3 3,000円
4 3,100円

(4)
　私は、いつも車を運転するとき、歌を歌っています。でも、お母さんは、車を運転するときに歌を歌っていると、事故をおこしてしまうかもしれないから、やめたほうがいいと言っています。車の中だったら歌を歌っても、あまりうるさくないし、とても楽しい気持ちになります。でも、私は事故をおこさないように、気をつけているし、一度も事故をおこしたことはないので、大丈夫だと思っています。

29 この人について、正しいものはどれですか。
1　車を運転していると、いつも楽しい気持ちになる。
2　歌を歌っていて、事故をおこしてしまったことがある。
3　車の運転に気をつけていれば、歌っても大丈夫だと思っている。
4　事故をおこさないために、歌うのをやめることにした。

もんだい5 つぎの文章を読んで、質問に答えてください。答えは、1・2・3・4から、いちばんいいものを一つえらんでください。

これは留学生が書いた作文です。

山田さんの家族と私

アンナ

　先週、私は山田さんの家に遊びに行きました。山田さんの家は、私のアパートから遠いので、電車とバスを使わなければなりません。私は、電車とバスを使うのが初めてなので、「もし、電車とバスを間違えたらどうしよう」と、とても心配でした。私が山田さんに①そのことを伝えると、山田さんはお父さんに、アパートまで車で迎えに来てくれるようにお願いしてくれました。山田さんのお父さんは、すぐに「②もちろん、いいよ」と言ってくれました。

　山田さんの家に着くと、山田さんのお母さんと高校生の妹さんが迎えてくれました。私は山田さんの家族に国で買ってきたおみやげを渡して、「一緒に飲みましょう」と言いました。すると、③みんなは少し困った顔をしました。私が買ってきたおみやげは、ワインでした。私の国では、ワインを飲みながら、みんなでごはんを食べます。しかし、山田さんのお父さんとお母さんはお酒が飲めないし、山田さんと妹さんは、まだお酒を飲んではいけません。私は「失敗した」と思いました。おみやげを買うなら、（　　　　　）と思いました。でも、山田さんの家族は、めずらしいワインだからうれしいと言ってよろこんでくれました。

　そして、家族みんなで、たこ焼きを作って食べたり、ゲームをしたり、たくさん話をしたりしました。とても楽しい一日でした。

[30] ①そのこととはどんなことですか。
1　山田さんの家に遊びに行くこと
2　山田さんの家がアパートから遠いこと
3　電車とバスを間違えたこと
4　電車とバスに乗るのが心配なこと

[31] お父さんは②「もちろん、いいよ」と言って、何をしてくれましたか。
1　アンナさんに電車とバスの乗り方を教えてくれた。
2　アンナさんのアパートに遊びに来てくれた。
3　車でアンナさんを迎えに来てくれた。
4　山田さんに迎えに来るようにお願いしてくれた。

[32] なぜ③みんなは少し困った顔をしましたか。
1　山田さんの家族は、だれもワインが飲めないから。
2　山田さんの家族は、おみやげを買っていなかったから。
3　山田さんの家族は、ワインを飲みながら、ごはんを食べないから。
4　山田さんの家族は、お酒を飲んではいけないから。

[33] （　　　）に入れるのに、いちばんいい文はどれですか。
1　めずらしいワインをよろこんでくれてよかった
2　ワインじゃなくてビールにすればよかった
3　国で買ってきたおみやげはよくない
4　家族が好きなものを聞いておいたほうがよかった

もんだい6　右のページを見て、下の質問に答えてください。答えは、
　　　　　1・2・3・4から、いちばんいいものを一つえらんでください。

34　リーさんはあおぞら市内にあるさくら大学の留学生で、初めてあおぞら大学の図書館に行きます。リーさんは、まず何をしなければいけませんか。
　1　大学からもらった利用カードを使って、図書館に入る。
　2　受付であおぞら大学の利用カードを作る。
　3　借りたい本と利用カードを一緒に受付に出す。
　4　コピー申込書を書いて、受付に出す。

35　日曜日にCDを返す人はどうすればいいですか。
　1　日曜日以外の日に受付に返す。
　2　受付に借りたCDを返す。
　3　入口の前の返却ボックスに入れる。
　4　図書館に連絡する。

あおぞら大学図書館のご利用について

- **利用できる人**

  あおぞら大学の大学生・留学生・先生

  あおぞら市内にあるさくら大学・うみの大学の大学生・留学生・先生

- **利用時間**

  月曜日〜金曜日　8:30〜20:00

  土曜日　　　　　9:00〜17:00

- **利用方法**

  あおぞら大学の大学生・留学生・先生が図書館を利用するときは、大学からもらった利用カードを使ってください。

  あおぞら大学ではない大学の大学生・留学生・先生が、初めて図書館を利用するときは、受付で利用カードを作ってください。

- **借りるとき**

  借りたい本やCDなどと利用カードを一緒に受付に出してください。

  本は2週間借りることができます。

  CD、DVDは1週間借りることができます。

- **返すとき**

  返す本やCDなどを受付に返してください。

  図書館が閉まっているときは、入口の前にある返却ボックスに入れてください。

  CD、DVDは返却ボックスに入れないで、必ず受付に返してください。

- **注意**

  本をコピーするときは、コピー申込書を書いて、受付に出してください。

  図書館の本を汚したり、なくしたりした場合は、必ず図書館に連絡してください。

  あおぞら大学図書館

필승합격 모의고사 第2回　　　　　　　　　問題用紙

N4
聴解
（35分）

注意
Notes

1. 試験が始まるまで、この問題用紙を開けないでください。
   Do not open this question booklet until the test begins.

2. この問題用紙を持って帰ることはできません。
   Do not take this question booklet with you after the test.

3. 受験番号と名前を下の欄に、受験票と同じように書いてください。
   Write your examinee registration number and name clearly in each box below as written on your test voucher.

4. この問題用紙は、全部で15ページあります。
   This question booklet has 15 pages.

5. この問題用紙にメモをとってもいいです。
   You may make notes in this question booklet.

受験番号　Examinee Registration Number

名前　Name

もんだい1 🔊 N4_2_02

もんだい1では、まず しつもんを 聞いて ください。それから 話を 聞いて、もんだいようしの 1から4の 中から、いちばん いい ものを 一つ えらんで ください。

れい 🔊 N4_2_03

1　ゆうびんきょくの 前で まつ
2　ちゃいろい ビルの 中に 入る
3　コンビニで 買いものを する
4　しんごうを わたる

1ばん 🔊 N4_2_04

1
2
3
4

2ばん 🔊 N4_2_05

1　1,000円
2　2,000円
3　3,000円
4　4,000円

3ばん　N4_2_06

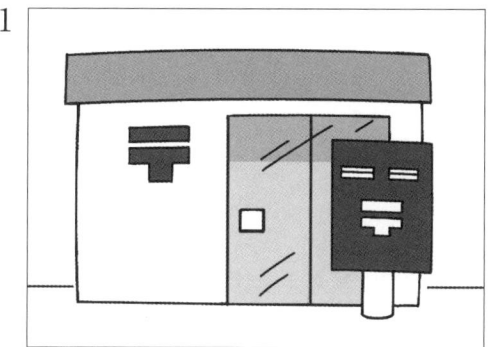

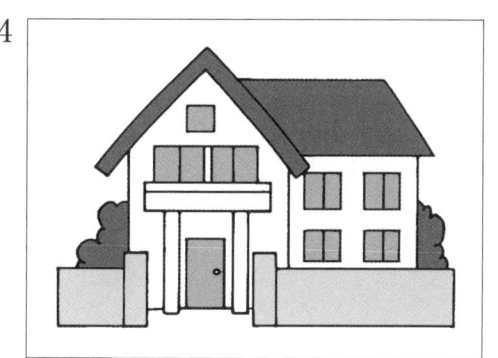

4ばん　N4_2_07

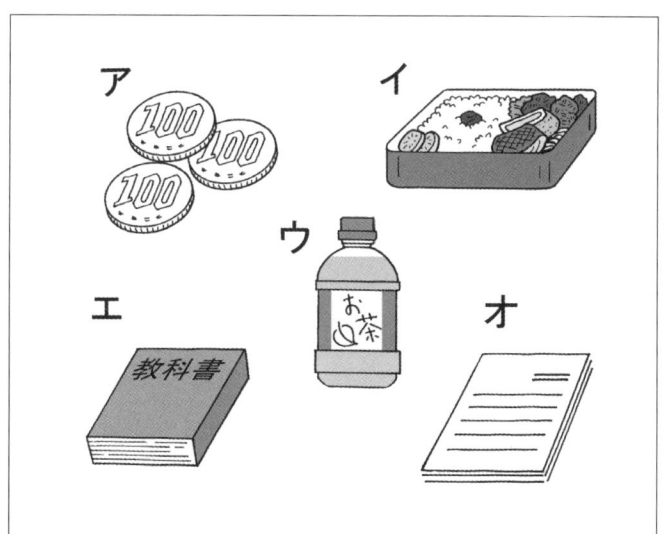

1　ア　イ
2　イ　エ
3　ウ　オ
4　ウ　エ

5ばん 🔊 N4_2_08

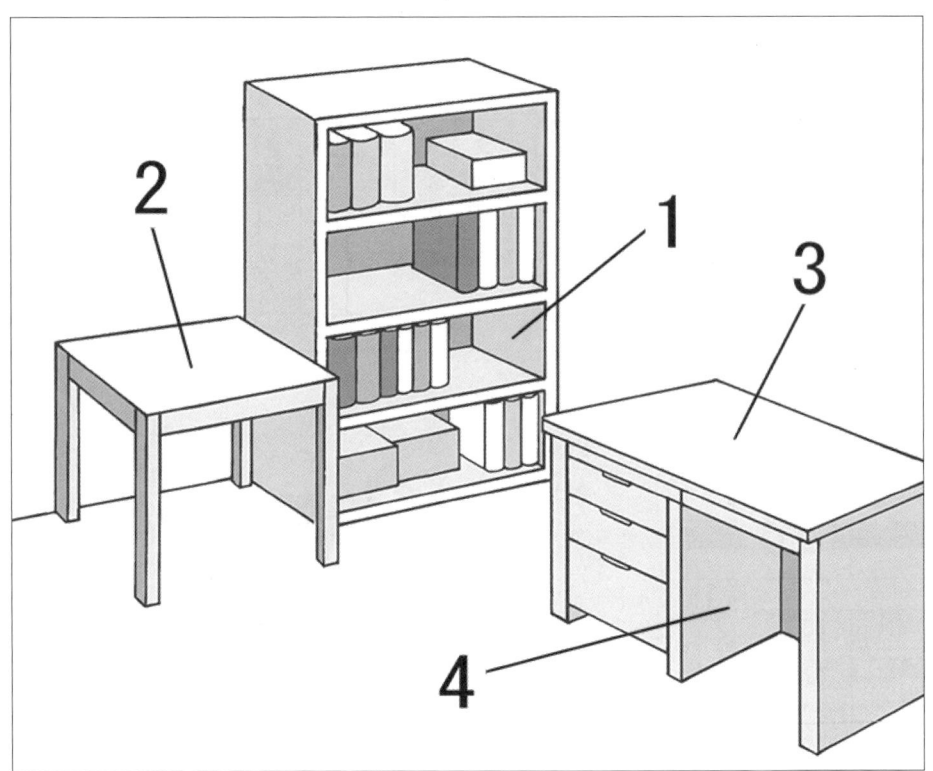

6ばん 🔊 N4_2_09
1　5時〜11時
2　2時〜4時
3　6時〜10時
4　4時〜10時

7ばん N4_2_10

1 山本さん
2 しゃちょう
3 林くん
4 大野さん

8ばん N4_2_11

もんだい2 🔊 N4_2_12

もんだい2では、まず しつもんを 聞いて ください。そのあと、もんだいようしを 見て ください。読む 時間が あります。それから 話を 聞いて、もんだいようしの 1から4の 中から、いちばん いい ものを 一つ えらんで ください。

れい 🔊 N4_2_13

1 ピンクの きもの
2 くろい きもの
3 ピンクの ドレス
4 くろい ドレス

1ばん 🔊 N4_2_14

1 やきゅう
2 サッカー
3 バスケットボール
4 さかなつり

2ばん 🔊 N4_2_15

1 月よう日
2 水よう日
3 木よう日
4 金よう日

3ばん 🔊 N4_2_16

1　くるまで 行く
2　でんしゃで 行く
3　あるいて 行く
4　タクシーで 行く

4ばん 🔊 N4_2_17

1　くるまが おおかったから
2　人が どうろに とび出して きたから
3　けいたいでんわを 見て いたから
4　くるまに きが つかなかったから

5ばん 🔊 N4_2_18

1 まいにち
2 しゅうに 2日(ふつか)
3 しゅうに 3日(みっか)
4 しゅうに 4日(よっか)

6ばん 🔊 N4_2_19

1 女(おんな)の 人(ひと)
2 男(おとこ)の 人(ひと)
3 行(い)く ときは 男(おとこ)の 人(ひと)、かえる ときは 女(おんな)の 人(ひと)
4 くるまで 行(い)くのを やめる

7ばん 🔊 N4_2_20

1　えき
2　じぶんの　家(いえ)
3　友(とも)だちの　家(いえ)
4　びょういん

もんだい3 🔊 N4_2_21

もんだい3では、えを 見ながら しつもんを 聞いて ください。→（やじるし）の 人は 何と 言いますか。1から3の 中から、いちばん いいものを 一つ えらんで ください。

れい 🔊 N4_2_22

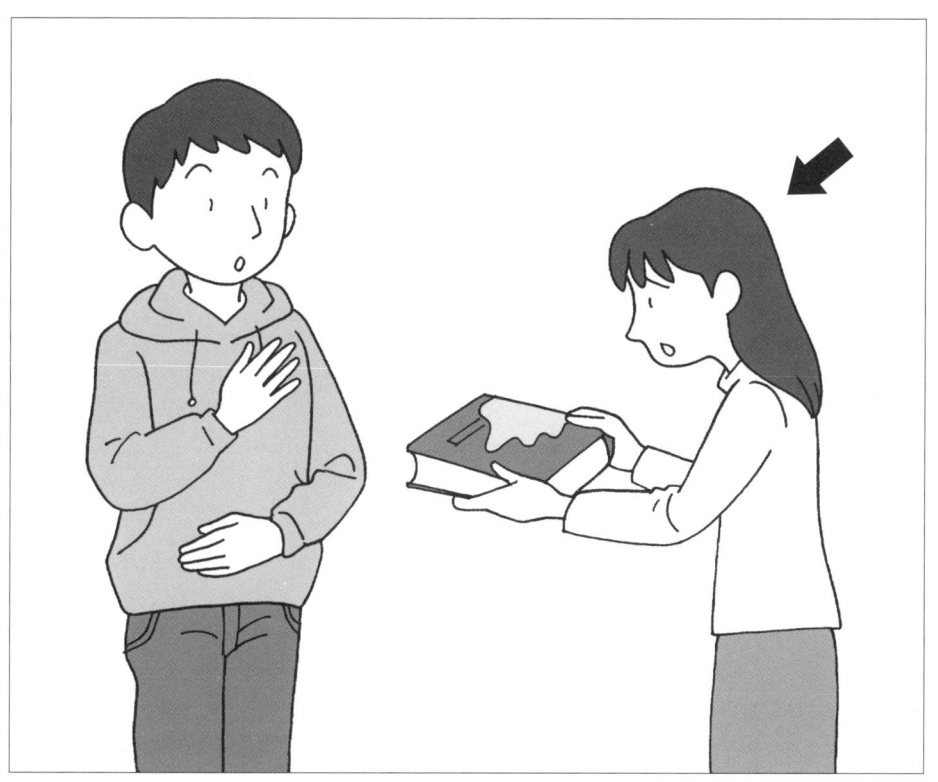

1ばん 🔊 N4_2_23

2ばん 🔊 N4_2_24

3ばん 🔊 N4_2_25

4ばん 🔊 N4_2_26

5ばん 🔊 N4_2_27

もんだい4 🔊 N4_2_28

　もんだい4では、えなどが　ありません。まず　ぶんを　聞いて　ください。それから、その　へんじを　聞いて、1から3の　中から、いちばん　いい　ものを　一つ　えらんで　ください。

れい　🔊 N4_2_29

1ばん　🔊 N4_2_30

2ばん　🔊 N4_2_31

3ばん　🔊 N4_2_32

4ばん　🔊 N4_2_33

5ばん　🔊 N4_2_34

6ばん　🔊 N4_2_35

7ばん　🔊 N4_2_36

8ばん　🔊 N4_2_37

N4 げんごちしき (もじ・ごい)

第2回

じゅけんばんごう
Examinee Registration Number

なまえ
Name

もんだい1

1	①	②	③	④
2	①	②	③	④
3	①	②	③	④
4	①	②	③	④
5	①	②	③	④
6	①	②	③	④
7	①	②	③	④
8	①	②	③	④
9	①	②	③	④

もんだい2

10	①	②	③	④
11	①	②	③	④
12	①	②	③	④
13	①	②	③	④
14	①	②	③	④
15	①	②	③	④

もんだい3

16	①	②	③	④
17	①	②	③	④
18	①	②	③	④
19	①	②	③	④
20	①	②	③	④
21	①	②	③	④
22	①	②	③	④
23	①	②	③	④
24	①	②	③	④
25	①	②	③	④

もんだい4

26	①	②	③	④
27	①	②	③	④
28	①	②	③	④
29	①	②	③	④
30	①	②	③	④

もんだい5

31	①	②	③	④
32	①	②	③	④
33	①	②	③	④
34	①	②	③	④
35	①	②	③	④

〈ちゅうい Notes〉

1. くろいえんぴつ (HB、No.2) でかいてください。
   Use a black medium soft (HB or No.2) pencil.
   (ペンやボールペンではかかないでください。)
   (Do not use any kind of pen.)
2. かきなおすときは、けしゴムできれいにけしてください。
   Erase any unintended marks completely.
3. きたなくしたり、おったりしないでください。
   Do not soil or bend this sheet.
4. マークれい Marking Examples

よいれい Correct Example	わるいれい Incorrect Examples
●	⊗ ○ ◎ ◑ ⊖ ◐

N4 げんごちしき (ぶんぽう)・どっかい

第2回

じゅけんばんごう Examinee Registration Number

なまえ Name

〈ちゅうい Notes〉

1. くろいえんぴつ (HB、No.2) でかいて ください。
   Use a black medium soft (HB or No.2) pencil.
   (ペンやボールペンではかかないでください。)
   (Do not use any kind of pen.)
2. かきなおすときは、けしゴムできれいに けしてください。
   Erase any unintended marks completely.
3. きたなくしたり、おったりしないでください。
   Do not soil or bend this sheet.
4. マークれい Marking Examples

よいれい Correct Example	わるいれい Incorrect Examples
●	⊗ ○ ◯ ◑ ① ◐

もんだい1

	1	2	3	4
1	①	②	③	④
2	①	②	③	④
3	①	②	③	④
4	①	②	③	④
5	①	②	③	④
6	①	②	③	④
7	①	②	③	④
8	①	②	③	④
9	①	②	③	④
10	①	②	③	④
11	①	②	③	④
12	①	②	③	④
13	①	②	③	④
14	①	②	③	④
15	①	②	③	④

もんだい2

	1	2	3	4
16	①	②	③	④
17	①	②	③	④
18	①	②	③	④
19	①	②	③	④
20	①	②	③	④

もんだい3

	1	2	3	4
21	①	②	③	④
22	①	②	③	④
23	①	②	③	④
24	①	②	③	④
25	①	②	③	④

もんだい4

	1	2	3	4
26	①	②	③	④
27	①	②	③	④
28	①	②	③	④
29	①	②	③	④

もんだい5

	1	2	3	4
30	①	②	③	④
31	①	②	③	④
32	①	②	③	④
33	①	②	③	④

もんだい6

	1	2	3	4
34	①	②	③	④
35	①	②	③	④

N4 ちょうかい 第2回

じゅけんばんごう
Examinee Registration Number

なまえ
Name

もんだい1

	1	2	3	4
れい	①	②	●	④
1	①	②	③	④
2	①	②	③	④
3	①	②	③	④
4	①	②	③	④
5	①	②	③	④
6	①	②	③	④
7	①	②	③	④
8	①	②	③	④

もんだい2

	1	2	3	4
れい	①	②	●	④
1	①	②	③	④
2	①	②	③	④
3	①	②	③	④
4	①	②	③	④
5	①	②	③	④
6	①	②	③	④
7	①	②	③	④

もんだい3

	1	2	3
れい	●	②	③
1	①	②	③
2	①	②	③
3	①	②	③
4	①	②	③
5	①	②	③

もんだい4

	1	2	3
れい	●	②	③
1	①	②	③
2	①	②	③
3	①	②	③
4	①	②	③
5	①	②	③
6	①	②	③
7	①	②	③
8	①	②	③

〈ちゅうい Notes〉

1. くろいえんぴつ (HB、No.2) でかいてください。
   Use a black medium soft (HB or No.2) pencil.
   (ペンやボールペンではかかないでください。)
   (Do not use any kind of pen.)
2. かきなおすときは、けしゴムできれいにけしてください。
   Erase any unintended marks completely.
3. きたなくしたり、おったりしないでください。
   Do not soil or bend this sheet.
4. マークれい Marking Examples

よいれい Correct Example	わるいれい Incorrect Examples
●	⊘ ○ ◎ ◉ ① ◐

필승합격일본어능력시험
N4 모의고사

제3회

음성파일과 채점표

필승합격 모의고사　第3회　　　　　　　　　　もんだいようし

N4
げんごちしき（もじ・ごい）
（30ぷん）

ちゅうい
Notes

1. しけんが　はじまるまで、この　もんだいようしを　あけないで　ください。
   Do not open this question booklet until the test begins.

2. この　もんだいようしを　もって　かえる　ことは　できません。
   Do not take this question booklet with you after the test.

3. じゅけんばんごうと　なまえを　したの　らんに、じゅけんひょうと　おなじように　かいて　ください。
   Write your examinee registration number and name clearly in each box below as written on your test voucher.

4. この　もんだいようしは、ぜんぶで　9ページ　あります。
   This question booklet has 9 pages.

5. もんだいには　かいとうばんごうの　1、2、3…が　あります。
   かいとうは、かいとうようしに　ある　おなじ　ばんごうの　ところに　マークして　ください。
   One of the row numbers 1, 2, 3 … is given for each question. Mark your answer in the same row of the answer sheet.

じゅけんばんごう　Examinee Registration Number	
なまえ　Name	

もんだい1 ＿＿＿の ことばは ひらがなで どう かきますか。
1・2・3・4から いちばん いい ものを ひとつ えらんで
ください。

（れい） この りんごが とても 甘いです。
　　　　1　あかい　　　2　あまい　　　3　あおい　　　4　あらい

（かいとうようし）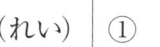

① 8時に がっこうに 着きました。
　　1　なき　　　　2　つき　　　　　3　とどき　　　　4　きき

② たいふうで、たくさんの どうぶつが 死にしました。
　　1　あ　　　　　2　き　　　　　　3　ふ　　　　　　4　し

③ きのう 牛肉を 食べました。
　　1　とりにく　　2　ぶたにく　　　3　ぎょにく　　　4　ぎゅうにく

④ 日本の 旅館に はじめて とまりました。
　　1　ほてる　　　2　りょかん　　　3　たびかん　　　4　りょうかん

⑤ きょうは 空が きれいですね。
　　1　そら　　　　2　ほし　　　　　3　つき　　　　　4　くう

⑥ じかんが 足りなくて、できませんでした。
　　1　あし　　　　2　そく　　　　　3　あ　　　　　　4　た

⑦ 友だちと サッカーの 試合を 見ます。
　　1　しあう　　　2　しけん　　　　3　しごう　　　　4　しあい

8 きょうは この レストランは 空いて います。
　　1 すいて　　　　2 ないて　　　　3 きいて　　　　4 さいて

9 きのう デパートに 服を 買いに 行きました。
　　1 くつ　　　　　2 かし　　　　　3 ふく　　　　　4 あめ

もんだい2 ＿＿＿の ことばは どう かきますか。1・2・3・4から
いちばん いい ものを ひとつ えらんで ください。

(れい) つくえの うえに ねこが います。
　　　　　1 上　　　2 下　　　3 左　　　4 右

(かいとうようし)　| (れい) | ● ② ③ ④ |

10 この へやは ひろいです。
　　1 広い　　　　2 長い　　　　3 狭い　　　　4 細い

11 あそこで うたって いるのは たなかさんです。
　　1 踊って　　　2 歌って　　　3 笑って　　　4 怒って

12 どうしたら いいか わからなくて こまって います。
　　1 因って　　　2 困って　　　3 国って　　　4 目って

13 えきの まえで 友だちと わかれました。
　　1 集れ　　　　2 別れ　　　　3 急れ　　　　4 回れ

14 この みせの ラーメンは とくに おいしいです。
　　1 持に　　　　2 待に　　　　3 特に　　　　4 地に

15 友だちに おもしろい えいがを しょうかいしました。
　　1 招待　　　　2 紹介　　　　3 介紹　　　　4 待招

もんだい3 （　）に　なにを　いれますか。1・2・3・4から　いちばん
いい　ものを　ひとつ　えらんで　ください。

（れい）この　おかしは　（　）　おいしくないです。
　　　　1　とても　　2　すこし　　3　あまり　　4　しょうしょう

（かいとうようし）　| （れい） | ① ② ● ④ |

16　むずかしい　かんじを　かくのは　まだ　（　）です。
　　1　むり　　　　2　じょうず　　　3　すき　　　　4　きらい

17　おいしそうな　（　）が　します。
　　1　こえ　　　　2　あじ　　　　　3　いろ　　　　4　におい

18　ねぼうして　しけんに　（　）しまいました。
　　1　わすれて　　2　おくれて　　　3　まにあって　4　さんかして

19　じこの　ニュースを　見て、（　）しました。
　　1　はっきり　　2　そっくり　　　3　しっかり　　4　びっくり

20　いそがしくて　（　）メールの　チェックが　できません。
　　1　しょうしょう　2　やっと　　　3　なかなか　　4　むりに

21　友だち（　）に　先生も　パーティーに　きます。
　　1　いない　　　2　いか　　　　　3　いじょう　　4　いがい

22　この　あたりは　（　）が　ふべんです。
　　1　どうろ　　　2　こうつう　　　3　くうこう　　4　えき

23 10時に　友だちと　会いますから、でかける　（　　）を　します。
　　1　じゅんび　　2　れんらく　　　3　あんない　　4　へんじ

24 にもつが　おもくて　（　　）が　いたい。
　　1　かお　　　　2　のど　　　　　3　はな　　　　4　うで

25 わたしの　くにには、（　　）　どうぶつが　います。
　　1　めずらしい　2　めったに　　　3　むずかしい　4　すくない

もんだい4 ＿＿＿の ぶんと だいたい おなじ いみの ぶんが あります。
1・2・3・4から いちばん いい ものを ひとつ えらんで
ください。

(れい) この へやは きんえんです。
　　　1 この へやは たばこを すっては いけません。
　　　2 この へやは たばこを すっても いいです。
　　　3 この へやは たばこを すわなければ いけません。
　　　4 この へやは たばこを すわなくても いいです。

(かいとうようし)　| (れい) | ● ② ③ ④ |

---

26 なまえを かく ひつようは ありません。
　1 なまえを かいても いいです。
　2 なまえを かかなくても いいです。
　3 なまえを かいては いけません。
　4 なまえを かかなくては いけません。

27 この へやは ひえますね。
　1 この へやは さむいですね。
　2 この へやは あたたかいですね。
　3 この へやは あかるいですね。
　4 この へやは くらいですね。

28 わたしは どくしんです。
　1 わたしは かぞくが いません。
　2 わたしは 友だちが いません。
　3 わたしは しごとして いません。
　4 わたしは けっこんして いません。

29 きょうしつに　おおぜいの　人が　います。
1　きょうしつに　何人か　います。
2　きょうしつに　だれも　いません。
3　きょうしつに　たくさん　人が　います。
4　きょうしつに　まあまあ　人が　います。

30 おとうとは　とても　よろこびました。
1　おとうとは　とても　たのしかったです。
2　おとうとは　とても　はずかしかったです。
3　おとうとは　とても　うれしかったです。
4　おとうとは　とても　かなしかったです。

もんだい5　つぎの　ことばの　つかいかたで　いちばん　いい　ものを
　　　　　1・2・3・4から　ひとつ　えらんで　ください。

（れい）　こたえる
　　1　かんじを　大きく　こたえて　ください。
　　2　本を　たくさん　こたえて　ください。
　　3　わたしの　はなしを　よく　こたえて　ください。
　　4　先生の　しつもんに　ちゃんと　こたえて　ください。

（かいとうようし）　｜（れい）｜①　②　③　●｜

31　かわく
　　1　いい　てんきだったので、せんたくものが　よく　かわきました。
　　2　ひるごはんを　食べなかったので、おなかが　かわきました。
　　3　よく　べんきょうしたので、あたまが　かわきました。
　　4　テニスを　したので、からだが　かわきました。

32　しょうらい
　　1　この　いぬは　しょうらい　大きく　なります。
　　2　しょうらいは　おかねもちに　なりたいです。
　　3　しょうらい　8時から　友だちが　きます。
　　4　よる　ねないと、しょうらい　ちこくしますよ。

33　りっぱ
　　1　もっと　りっぱに　そうじして　ください。
　　2　ずっと　りっぱな　雨が　ふって　いますね。
　　3　りっぱだと　おもいますが、がんばって　ください。
　　4　りっぱな　スピーチでしたね。

34 くばる

1　はなに　みずを　くばります。

2　先生が　テストの　もんだいようしを　くばります。

3　コーヒーに　さとうを　くばります。

4　お母さんは　あかちゃんに　ミルクを　くばります。

35 やむ

1　やっと　ゆきが　やみました。

2　すきだった　先生が　やみました。

3　がっこうの　まえで　くるまが　やみました。

4　子どもが　ないて　いましたが、やみました。

필승합격 모의고사 제3회   問題用紙
もんだいようし

N4
言語知識（文法）・読解
げんごちしき　ぶんぽう　どっかい
（60分）
ぶん

注意
ちゅうい
Notes

1. 試験が始まるまで、この問題用紙を開けないでください。
   しけん　はじ　　　　　　　もんだいようし　あ
   Do not open this question booklet until the test begins.

2. この問題用紙を持って帰ることはできません。
   もんだいようし　も　　かえ
   Do not take this question booklet with you after the test.

3. 受験番号と名前を下の欄に、受験票と同じように書いてください。
   じゅけんばんごう　なまえ　した　らん　じゅけんひょう　おな　　　　か
   Write your examinee registration number and name clearly in each box below as written on your test voucher.

4. この問題用紙は、全部で14ページあります。
   もんだいようし　ぜんぶ
   This question booklet has 14 pages.

5. 問題には解答番号の ①、②、③ … があります。
   もんだい　かいとうばんごう
   解答は、解答用紙にある同じ番号のところにマークしてください。
   かいとう　かいとうようし　　おな　ばんごう
   One of the row numbers ①, ②, ③ … is given for each question. Mark your answer in the same row of the answer sheet.

受験番号 Examinee Registration Number	
じゅけんばんごう	

名前 Name	
なまえ	

もんだい1 （　　）に 何を 入れますか。1・2・3・4から いちばん
　　　　　いい ものを 一つ えらんで ください。

（例） あした 京都（　　） 行きます。
　　　 1　を　　 2　へ　　 3　と　　 4　の

（解答用紙）　（例）　① ● ③ ④

1 休みの 日は いつも 母（　　） 料理を するのを 手伝います。
　　1　は　　　　2　を　　　　3　に　　　　4　が

2 鈴木さんは 頭も （　　） スポーツも できます。
　　1　いいから　2　よかったから　3　よかったし　4　いいし

3 これから スーパーへ 行く （　　） です。
　　1　ところ　　2　とき　　　3　こと　　　4　ほう

4 家を 出てから 忘れもの（　　） 気が つきました。
　　1　が　　　　2　を　　　　3　で　　　　4　に

5 漢字の （　　）を 教えて ください。
　　1　書きかた　2　書くかた　3　書かせかた　4　書かれかた

6 この くすりは いたい とき（　　） 飲んで ください。
　　1　で　　　　2　に　　　　3　や　　　　4　の

7 田中さんに 聞きましたよ。あしたは （　　） そうです。
　　1　ひまの　　2　ひまな　　3　ひまだ　　4　ひま

8 あの 二人は 先月 けっこんした （　　） です。
　　1　ところ　　2　あいだ　　3　ばかり　　4　とき

125

9 A「どの ぼうしが いいですか。」
  B「赤い (　　) が いいです。」
  1 と　　　2 こと　　　3 の　　　4 な

10 (　　) じょうぶな 自転車が ほしいです。
  1 かるさで　2 かるくて　3 かるいで　4 かるさの

11 A「レストランが しまって いますね。」
  B「ええ。でも もうすぐ (　　)。」
  1 あくです　2 あくでしょう　3 あきました　4 あきましょう

12 きのうは 3時間しか (　　)。
  1 ねました　　　　　　2 ねませんでした
  3 おきました　　　　　4 おきませんでした

13 母に (　　) ように きらいな 魚を 全部 食べました。
  1 しからない　2 しかれない　3 しかられない　4 しからせない

14 ぐあいが 悪いので、あしたは (　　)。
  1 休ませても いいですか　　2 休ませて ください
  3 休んで くれませんか　　　4 休みたいですか

15 私は 兄弟が いませんが、ペットを かってからは、(　　)。
  1 さびしく なくなりました　　2 さびしく なりました
  3 さびしく なりそうです　　　4 さびしかったです

もんだい2　 ★ に　入る　ものは　どれですか。1・2・3・4から　いちばん　いい　ものを　一つ　えらんで　ください。

(問題例)

　　本は　＿＿＿＿　＿＿＿＿　 ★ 　＿＿＿＿　あります。
　　　1　の　　　　2　に　　　　3　上　　　　4　つくえ

(答え方)

1. 正しい　文を　作ります。

　　本は　＿＿＿＿　＿＿＿＿　 ★ 　＿＿＿＿　あります。
　　　　　4　つくえ　　1　の　　3　上　　2　に

2. ★ に　入る　番号を　黒く　塗ります。

　　(解答用紙)　(例) ① ② ● ④

16　毎日　カレーを　＿＿＿＿　 ★ 　＿＿＿＿　＿＿＿＿　に　なります。
　　1　ばかり　　　2　食べさせられて　3　で　　　　4　いや

17　両親に　＿＿＿＿　＿＿＿＿　 ★ 　＿＿＿＿　つもりです。
　　1　反対　　　　2　する　　　　3　されても　　　4　留学

18　前は　きらいだったけれど、＿＿＿＿　＿＿＿＿　 ★ 　＿＿＿＿。
　　1　ように　　　2　バナナが　　　3　なった　　　4　食べられる

19　料理が　 ★ 　＿＿＿＿　＿＿＿＿　＿＿＿＿　です。食べて　みて　ください。
　　1　ケーキ　　　2　姉が　　　　3　上手な　　　　4　作った

20 A「部長の お誕生日の プレゼントは、もう 買いましたか。」
　B「はい。部長が ＿＿＿ ＿＿＿ ★ ＿＿＿ しました。」
　1　お酒を　　　2　さしあげる　　3　好きな　　　4　ことに

もんだい3　21 から 25 に 何を 入れますか。文章の 意味を 考えて、1・2・3・4から いちばん いい ものを 一つ えらんで ください。

下の 文章は 留学生が 書いた 作文です。

京都の 旅行

アルベルト

　先週 私は 京都に 行きました。京都 21 古い 神社や お寺が たくさん あります。私が 一番 おもしろいと 思った お寺は、金閣寺です。金閣寺は 足利義満と いう 人に よって 1394年に 22 。金閣寺は 金色で、とても きれいでした。そして、金閣寺の 庭 23 きれいだと 思いました。

　私は 金閣寺の 写真を たくさん 撮りました。そのとき、日本人の 学生が 私に「すみません、24 」と 聞きました。私は「もちろん、いいですよ。」と 言って、写真を 撮って あげました。写真を 撮った あと、日本人の 学生と 日本語で いろいろ 話しました。とても 楽しかったです。

　私は 京都が とても 好きに なりました。また 25 京都に 行きたいです。

21
1 には　　　　　2 では　　　　　3 からは　　　　4 までは

22
1 建って いました　　　　　2 建てさせました
3 建てようと しました　　　4 建てられました

23
1 で　　　　　2 に　　　　　3 も　　　　　4 から

24
1 写真を 撮って あげましょうか　　2 写真を 撮ったら どうですか
3 写真を 撮って いただけませんか　4 写真を お撮りしましょうか

25
1 どこか　　　　2 いつか　　　　3 だれか　　　　4 どれか

もんだい4 つぎの(1)から(4)の文章を読んで、質問に答えてください。答えは、1・2・3・4から、いちばんいいものを一つえらんでください。

(1)
町のお掃除ボランティアの人がこのメモをもらいました。

お掃除ボランティアのみなさんへ

　毎週土曜日にやっている、町のお掃除ボランティアですが、いつも集まっている公園が工事で、使えません。そこで、来週から、集まる場所を公園ではなく、駅前の駐車場にすることにしました。時間はいつもと同じです。朝9時に、ごみ袋を持って駐車場に来てください。何かわからないことがあったら、田中さんに連絡してください。

---

26 このメモで一番伝えたいことは何ですか。
1　いつも使っている公園が工事をすること
2　集まる場所が駅前の駐車場になったということ
3　集まる場所と時間が変わったということ
4　田中さんに連絡してほしいということ

(2)
　お酒は体によくないから、飲まないという人がいます。しかし、お酒を飲むと、気分がよくなり、ストレスを減らすことができるという人もいます。ただし、毎日お酒を飲み続けたり、一回にたくさんのお酒を飲んだりするのはやめましょう。また、何も食べないで、お酒だけを飲む飲み方も、体にはよくないので、注意してください。

27 お酒の飲み方としていいものはどれですか。
　1　ごはんなどを食べながら、お酒を飲む。
　2　ストレスを減らしながら、お酒を飲む。
　3　毎日お酒を飲み続ける。
　4　一回にたくさんのお酒を飲む。

(3)
山川さんの机の上に、このメモが置いてありました。

山川さんへ

　今日、会議をする部屋はせますぎるので、もう少し大きい部屋に変えてもらえますか。

　会議で使うパソコンは、私が用意しておきます。

　田中くんが資料をコピーするのを手伝ってくれました。資料は机の上に置いておきます。

　今日の会議は長くなりそうですが、がんばりましょう。

　　　　　　　　　　　　　　　　　　　　　　　　　　　　　上田

---

28 山川さんは、何をしなければいけませんか。
1　大きい部屋を新しく予約する。
2　会議で使うパソコンを用意する。
3　田中くんのコピーを手伝う。
4　資料を机の上に置いておく。

(4)
　私は、先月から動物園のアルバイトを始めました。仕事は、動物園に来るお客さんを案内したり、お客さんに動物について説明したりすることです。子どもたちには、動物のことがいろいろわかるように、動物の絵や写真を見せながら、わかりやすく話すようにしています。毎日忙しいですが、かわいい動物に会えて、とても楽しいです。

29 この人の仕事ではないものはどれですか。
1　お客さんに動物園の中を案内してあげる。
2　動物園に来たお客さんに動物について説明する。
3　子どもたちに動物の絵や写真をあげる。
4　動物のことについてわかりやすく話す。

もんだい5　つぎの文章を読んで、質問に答えてください。答えは、
　　　　　1・2・3・4から、いちばんいいものを一つえらんでください。

　日本人は、だれかの話を聞いているあいだ、たくさんあいづちを打つ。あいづちを打つとは、何回も「うん、うん」や「へー」、「そうですね」と言ったり、頭を上下にふったりすることだ。あいづちは、「あなたの話を聞いていますよ」、「どうぞ、話を続けてください」ということを伝えるためのものである。

　しかし、外国では、人の話を聞くときは、相手の目を見て、話し終わるまで、何も言わないほうがいいと考える文化もある。もし、その人と日本人が話すことがあったら、話している外国人には、話を聞いている日本人が「うん、うん」、「はい、はい」などのことばを言い続けるので、①うるさいと思う人もいるだろう。反対に、日本人は話をしているとき、外国人があいづちを打たないので、②不安に思ってしまうことが多いのではないかと思う。

　文化が違うと、コミュニケーションの方法も違う。だから、日本人と外国人では、「（　　　　　）」ということを伝える方法が違うことを理解して、コミュニケーションのやりかたを考えたほうがいい。そうすれば、あいづちを打っても、打たなくても、気持ちよくコミュニケーションができるはずである。

30 なぜ①うるさいと思う人もいるのですか。
1 日本人は、相手が話し終わるまで、相手の目を見ているから。
2 日本人は、だれかが話しているときに、たくさんあいづちを打つから。
3 日本人は、あいづちを打たないで、たくさん話しているから。
4 日本人は、「うん、うん」、「はい、はい」しか言わないから。

31 なぜ②「不安に思ってしまう」のですか。
1 相手が、目をずっと見続けてくるから。
2 相手が、何回も「うん、うん」、「はい、はい」とあいづちを打つから。
3 相手が、話を聞いていないのではないかと思うから。
4 相手が、うるさいと思っているかどうかわからないから。

32 （　）に入れるのに、一番いい文はどれですか。
1 「うん、うん」、「はい、はい」「へー」「なるほど」
2 聞いているかどうか不安です
3 何も言わないほうがいい
4 私はあなたの話を聞いていますよ

33 この文章を書いた人はどんな意見を持っていますか。
1 文化が違うことを理解して、よりよいコミュニケーションのやりかたを考えてみよう。
2 外国人に日本の文化を理解してもらうために、たくさんあいづちを打つべきだ。
3 文化が違う人とコミュニケーションをとることは難しいので、あきらめたほうがいい。
4 あいづちを打つと外国人にうるさいと思われるので、あいづちを打つべきではない。

もんだい6　右のページを見て、下の質問に答えてください。答えは、
　　　　　1・2・3・4から、いちばんいいものを一つえらんでください。

　キムさんは自転車がほしいと思っています。大学で、いらない自転車を人にあげるというお知らせを読んでいます。

34　キムさんは3人に電話で質問しようと思っています。今は木曜日の午後3時です。だれに連絡できますか。

　　1　前田さん
　　2　中山さん
　　3　前田さんとトムさん
　　4　前田さんと中山さんとトムさん

35　キムさんは5,000円ぐらいまでお金を払うつもりです。どの自転車をもらいますか。

　　1　A
　　2　B
　　3　C
　　4　もらわない

いらない自転車をさしあげます！

A

　1年前に12,000円で買いましたが、買った値段から50%安くして、ほしい人にあげます。あまり使わなかったので、とてもきれいで、壊れているところもありません。
　月曜日、火曜日、金曜日は授業とアルバイトがあるので、電話に出られないと思います。それ以外の日に電話してください。できれば午後がいいです。家まで無料で届けに行きます。

前田：090-0000-0000

B

　車を買ったので、自転車がいらなくなりました。高校のとき、3年間使いました。少し壊れているところがありますが、直せばすぐに乗れます。値段は7,000円ですが、家まで取りに来てくれるなら、2,000円安くします。家は大学から歩いて5分くらいのところにあります。
　月曜日から金曜日までは授業で忙しいので、電話に出られません。ほしい人は必ず土日に電話してください。

中山：044-455-6666

C

　古い自転車をただであげます。かなり古いので、自転車のお店で直してもらわなければいけないと思います。お店の人に聞いたら、直すのに5,000円くらいかかると言われました。家まで自転車を届けるので、1,000円お願いします。
　質問がある人は、何でも聞いてください。午後はアルバイトがあるので電話に出られませんが、午前中ならいつでも大丈夫です。

トム：090-1111-1111

필승합격 모의고사 제3회　　　　　　　　　　　　問題用紙

N4
聴解
（35分）

注意
Notes

1. 試験が始まるまで、この問題用紙を開けないでください。
   Do not open this question booklet until the test begins.

2. この問題用紙を持って帰ることはできません。
   Do not take this question booklet with you after the test.

3. 受験番号と名前を下の欄に、受験票と同じように書いてください。
   Write your examinee registration number and name clearly in each box below as written on your test voucher.

4. この問題用紙は、全部で15ページあります。
   This question booklet has 15 pages.

5. この問題用紙にメモをとってもいいです。
   You may make notes in this question booklet.

受験番号　Examinee Registration Number

名前　Name

もんだい1 🔊 N4_3_02

もんだい1では、まず しつもんを 聞いて ください。それから 話を 聞いて、もんだいようしの 1から4の 中から、いちばん いい ものを 一つ えらんで ください。

れい 🔊 N4_3_03

1 ゆうびんきょくの 前で まつ
2 ちゃいろい ビルの 中に 入る
3 コンビニで 買いものを する
4 しんごうを わたる

1ばん 🔊 N4_3_04

1	2

3	4

2ばん 🔊 N4_3_05

1	2

3	4

3ばん 🔊 N4_3_06

1　1,500円
2　1,800円
3　2,000円
4　2,500円

4ばん 🔊 N4_3_07

1　301の　きょうしつに　行く
2　とけいを　もって　行く
3　ボールペンで　かく
4　かばんを　うしろの　テーブルに　おく

5ばん 🔊 N4_3_08

1　ア　イ
2　イ　エ
3　ウ　オ
4　ウ　エ

6ばん 🔊 N4_6_09

7ばん 🔊 N4_3_10

1 先生
2 としょかんの 人
3 ほかの 学生
4 林くん

8ばん 🔊 N4_3_11

1

2

3

4

もんだい2 🔊 N4_3_12

　もんだい2では、まず　しつもんを　聞いてください。そのあと、もんだいようしを　見てください。読む　時間が　あります。それから　話を　聞いて、もんだいようしの　1から4の　中から、いちばん　いい　ものを　一つ　えらんでください。

れい　🔊 N4_3_13

1　ピンクの　きもの
2　くろい　きもの
3　ピンクの　ドレス
4　くろい　ドレス

1ばん　🔊 N4_3_14

1　4時
2　5時30分
3　6時
4　6時30分

2ばん　🔊 N4_3_15

1　おいしく　ないから
2　おなかが　いたいから
3　おひるに　カレーを　食べたから
4　びょうきに　なったから

3ばん 🔊 N4_3_16

1　お肉
2　飲みもの
3　タオル
4　いす

4ばん 🔊 N4_3_17

1　山田さんが　おなじ　おみせで　はたらいて　いるから
2　あまり　いそがしく　ないから
3　おみせの　人が　やさしくて、おもしろいから
4　おんがくが　すきだから

5ばん 🔊 N4_3_18

1　ゲームを　やりすぎて　いるから
2　テストで　100てんが　とれないから
3　ゲームを　かえして　くれないから
4　いっしょうけんめい　べんきょうしないから

6ばん 🔊 N4_3_19

1　3人
2　4人
3　5人
4　6人

7ばん 🔊 N4_3_20

1 ネックレス
2 ハンカチ
3 ケーキ
4 コップ

もんだい3 🔊 N4_3_21

もんだい3では、えを 見ながら しつもんを 聞いて ください。→（やじるし）の 人は 何と 言いますか。1から3の 中から、いちばん いい ものを 一つ えらんで ください。

れい 🔊 N4_3_22

1ばん 🔊 N4_3_23

2ばん 🔊 N4_3_24

3ばん 🔊 N4_3_25

4ばん 🔊 N4_3_26

5ばん N4_3_27

もんだい4 🔊 N4_3_28

　もんだい4では、えなどが ありません。まず ぶんを 聞いて ください。それから、その へんじを 聞いて、1から3の 中から、いちばん いい ものを 一つ えらんで ください。

れい　🔊 N4_3_29

1ばん　🔊 N4_3_30

2ばん　🔊 N4_3_31

3ばん　🔊 N4_3_32

4ばん　🔊 N4_3_33

5ばん　🔊 N4_3_34

6ばん　🔊 N4_3_35

7ばん　🔊 N4_3_36

8ばん　🔊 N4_3_37

N4 げんごちしき (もじ・ごい) 第3回

じゅけんばんごう / Examinee Registration Number

なまえ / Name

もんだい1

1	①	②	③	④
2	①	②	③	④
3	①	②	③	④
4	①	②	③	④
5	①	②	③	④
6	①	②	③	④
7	①	②	③	④
8	①	②	③	④
9	①	②	③	④

もんだい2

10	①	②	③	④
11	①	②	③	④
12	①	②	③	④
13	①	②	③	④
14	①	②	③	④
15	①	②	③	④

もんだい3

16	①	②	③	④
17	①	②	③	④
18	①	②	③	④
19	①	②	③	④
20	①	②	③	④
21	①	②	③	④
22	①	②	③	④
23	①	②	③	④
24	①	②	③	④
25	①	②	③	④

もんだい4

26	①	②	③	④
27	①	②	③	④
28	①	②	③	④
29	①	②	③	④
30	①	②	③	④

もんだい5

31	①	②	③	④
32	①	②	③	④
33	①	②	③	④
34	①	②	③	④
35	①	②	③	④

〈ちゅうい Notes〉

1. くろいえんぴつ (HB、No.2) でかいてください。
   Use a black medium soft (HB or No.2) pencil.
   (ペンやボールペンではかかないでください。)
   (Do not use any kind of pen.)
2. かきなおすときは、けしゴムできれいにけしてください。
   Erase any unintended marks completely.
3. きたなくしたり、おったりしないでください。
   Do not soil or bend this sheet.
4. マークれい Marking Examples

よいれい Correct Example	わるいれい Incorrect Examples
●	⊘ ○ ⊙ ⊛ ⊖ ◐

N4 げんごちしき(ぶんぽう)・どっかい

第3回

필승합격 모의고사 해답용지

じゅけんばんごう / Examinee Registration Number

なまえ / Name

もんだい1

1	①	②	③	④
2	①	②	③	④
3	①	②	③	④
4	①	②	③	④
5	①	②	③	④
6	①	②	③	④
7	①	②	③	④
8	①	②	③	④
9	①	②	③	④
10	①	②	③	④
11	①	②	③	④
12	①	②	③	④
13	①	②	③	④
14	①	②	③	④
15	①	②	③	④

もんだい2

16	①	②	③	④
17	①	②	③	④
18	①	②	③	④
19	①	②	③	④
20	①	②	③	④

もんだい3

21	①	②	③	④
22	①	②	③	④
23	①	②	③	④
24	①	②	③	④
25	①	②	③	④

もんだい4

26	①	②	③	④
27	①	②	③	④
28	①	②	③	④
29	①	②	③	④

もんだい5

30	①	②	③	④
31	①	②	③	④
32	①	②	③	④
33	①	②	③	④

もんだい6

34	①	②	③	④
35	①	②	③	④

〈ちゅうい Notes〉

1. くろいえんぴつ (HB、No.2) でかいてください。
   Use a black medium soft (HB or No.2) pencil.
   (ペンやボールペンではかかないでください。)
   (Do not use any kind of pen.)
2. かきなおすときは、けしゴムできれいにけしてください。
   Erase any unintended marks completely.
3. きたなくしたり、おったりしないでください。
   Do not soil or bend this sheet.
4. マークれい Marking Examples

よいれい Correct Example	わるいれい Incorrect Examples
●	⊗ ○ ◎ ⊙ ◐

N4 ちょうかい 第3回

필승합격 모의고사 해답용지

じゅけんばんごう
Examinee Registration Number

なまえ
Name

〈ちゅうい Notes〉

1. くろいえんぴつ (HB、No.2) でかいて ください。
   Use a black medium soft (HB or No.2) pencil.
   (ペンやボールペンではかかないでください。)
   (Do not use any kind of pen.)

2. かきなおすときは、けしゴムできれいに けしてください。
   Erase any unintended marks completely.

3. きたなくしたり、おったりしないでください。
   Do not soil or bend this sheet.

4. マークれい Marking Examples

よいれい Correct Example	わるいれい Incorrect Examples
●	⊗ ○ ◐ ◑ ⦸ ◉

もんだい1

れい	①	②	●	④
1	①	②	③	④
2	①	②	③	④
3	①	②	③	④
4	①	②	③	④
5	①	②	③	④
6	①	②	③	④
7	①	②	③	④
8	①	②	③	④

もんだい2

れい	①	②	●	④
1	①	②	③	④
2	①	②	③	④
3	①	②	③	④
4	①	②	③	④
5	①	②	③	④
6	①	②	③	④
7	①	②	③	④

もんだい3

	①	②	③
れい	①	②	●
1	①	②	③
2	①	②	③
3	①	②	③
4	①	②	③
5	①	②	③

もんだい4

	①	②	③
れい	①	②	●
1	①	②	③
2	①	②	③
3	①	②	③
4	①	②	③
5	①	②	③
6	①	②	③
7	①	②	③
8	①	②	③

일본어능력시험
JLPT